Narraciones viajeras
César Aira y Juan José Saer

Nancy Fernández

Editorial Biblos

Nancy Fernández

Narraciones viajeras

César Aira y Juan José Saer

Editorial Biblos

82.09   Fernández, Nancy
FER   Narraciones viajeras: César Aira y Juan José
           Saer – 1ª ed. –Buenos Aires: Biblos, 2000.
           190 p.; 20 x 14 cm

           ISBN 950-786-253-6

           I. Título – 1. Crítica literaria

Diseño de tapa: *Horacio Ossani*
Armado: *Ana María Souza*
Coordinación: *Mónica Urrestarazu*

© Editorial Biblos, 2000
Pasaje José M. Giuffra 318, 1064 Buenos Aires
Hecho el depósito que dispone la Ley 11.723
Impreso en la Argentina

Impreso en Gráfica Laf S.R.L.
Loyola 1654, Buenos Aires,
República Argentina,
en junio de 2000.

ÍNDICE

ÍNDICE

A Edgardo H. Berg

AGRADECIMIENTOS

Este libro surge de la experiencia, grata y exigente a la vez, de escribir las lecturas que me acompañaron durante años y me demandaron tantas tazas de café. También vuelven a la conciencia, una y otra vez, la vieja apuesta de mis padres, la comprensión de mi hija, anhelos comunes con amigos y compañeros allegados de facultad. En el instante feliz de componer esta página, quiero dar constancia también de mi especial reconocimiento por la generosidad y el inmenso apoyo que me brindaron Noé Jitrik, Nicolás Rosa y Graciela Montaldo, cuyos consejos y alentadoras palabras voy a guardar en mi memoria.

PRESENTACIÓN

Volver a leer este trabajo implicó desmontar los mecanismos de lectura que me llevaron a recortar determinadas problemáticas en función del motivo del viaje como *operador* de dos poéticas radicalmente distintas. Subrayo el término 'operador' porque, desde una concepción teórica que les es común a los textos en cuestión, me permite indagar aquellos aspectos inherentes a la productividad del significante, en otras palabras, al proceso y la práctica de la escritura. Quizá sea más clara si pongo de manifiesto que este concepto daría cuenta del motivo del viaje que borda y horada el "entre", el pliegue de este movimiento, el "intervalo" entre la modalidad, el uso, la "forma" –si se quiere– de las combinatorias de palabras, sintagmas, frases o giros y lo que esto designa, señala, insinúa o alude. El viaje es tópico, tema y referente pero también instancia serial e infinita donde se enlazan las cuentas de una constelación creada por dos infinitivos: viajar y escribir (Nicolás Rosa, Noé Jitrik, Michel de Certeau). Pensando en esta dirección diría que el *operador* es, de algún modo, el *síntoma* del que habla Rosa a propósito de la instancia que convoca el efecto de superficie y lo profundo. Además, la noción de serie me permite adoptar un enfoque transtextual, transtemporal, entre los siglos XIX y XX y leer según la tendencia borgeana, revirtiendo y pervirtiendo las procedencias y precedencias de los textos. Intento, así, releer como serie fragmentaria el género (amplio y variado) de literatura de viajes en sus intervalos e intersticios. Esto en lo que atañe a la cuestión más general, y quiero ponerlo de relieve con los dos epígrafes que encabezan los análisis de las dos novelas privilegiadas en este enfoque: *La liebre* de César Aira y *El entenado* de Juan José Saer. Sin pensar en los marcos teóricos como órdenes conceptuales a ser aplicados sobre los textos literarios, hay en estos textos cuestiones que no sé si se resuelven pero que sí se pueden encarar a partir de la perspectiva de Rosa, quien reflexiona sobre el componente fascista de las taxonomías discursivas (las distinciones precisas entre los géneros que vendrían a vigilar y castigar los desplazamientos de sus funciones específicas). La transdiscursividad provoca el efecto contrario, como el borde constitutivo de los discursos. La primera novela parece avenirse con Gilles Deleuze, quien hace explícito el avatar de la simultaneidad: "Son los acontecimientos los que hacen posible al lenguaje, donde debe darse todo, simultáneamente, de un solo golpe". Comienza a formarse así un curioso pliegue de saberes, a tal punto que podríamos pensar en la novela de Deleuze o en la filosofía de César Aira. Respecto de esta reflexión, prefiero anteponer la ética a las falsas arrogancias de la originalidad o de la apropiación inescrupulosa, por lo que tengo que reconocer una infinita deuda intelectual con Nicolás Rosa.

En lo que concierne a *El entenado* de Juan José Saer, el epígrafe de Claude Lévi-Strauss, "Ya nunca volveré a sentirme en mi casa", marca un rumbo que sitúa la novela en el exilio definitivo que impone un corte con la civilización y la cultura propias cuya consecuencia preponderante se traduce en una búsqueda *infecunda* de lo real. Así, mientras que en Aira lo real se convierte en *afirmación*, en plenitud tangible aun como efecto de los fugaces desplazamientos espacio-temporales, como remanente de continuas transmutaciones o metamorfosis de seres y cosas, en Saer se trata de una estética de la negatividad, según Theodor Adorno, a quien cito en la última de las notas al pie. Quiero decir con esto: en Aira, el *procedimiento (el trabajo artesanal de la escritura)* del "realismo" formula una poética del continuo arte-escritura-vida, relente peculiar, por un lado, de las vanguardias históricas y, por otro, de la escansión del universo que describe en *La liebre*, que más o menos en palabras de Aira se compondría del azar. En cualquiera de sus puntos convergen y refluyen carreras imprevistas, velocidades escurridizas, las observaciones fascinadas por el punto neutral entre soles ponientes o nacientes, victorias o derrotas guerreras, horizontes transparentes, vagabundos enigmáticos (Cafulcurá), inversiones de la perspectiva en general, vivenciados en el llano, en el desierto. Volviendo a Saer, podríamos pensar en la utopía fallida cuyo saber prístino atisba que el lenguaje no penetra en la selva espesa de lo real. Y si la percepción se opaca en la masa apócrifa de formas y sensaciones, su búsqueda persiste en el fundamento de lo innombrable (lo imborrable) del silencio, de la suspensión del recuerdo, de los restos de la experiencia como manchas negruzcas, grietas rugosas de la nada donde la palabra, inerte y muda, cifra su vacío y vislumbra la vaga región, la sutil e imprecisa diferencia entre la imaginación y el recuerdo, donde para "nadie nunca" se presenta claro y nítido "lo que rodea", la espesura esmerilada de la memoria. Hasta aquí una introducción para señalar de un modo más o menos general algunos puntos clave que intenté abordar en este libro.

Con fines clarificadores separé esquemáticamente cada novela para demostrar y definir algunas nociones y conceptos, desde una lectura que retoma las bases argumentativas, los orígenes de la reflexión desde la trama misma de los textos. Comienzo con *La liebre*, entonces. Sin duda, es uno de los tantos textos que convierten a Aira en un escritor singular –y digo "singular" por las relaciones que establece en el campo artístico e intelectual– que lo hacen escurrirse tanto de las generalidades del hábito como de las particularidades empíricas, fácticas, de sus actos, sus manifestaciones que desprenderían y recortarían su imagen de autor como un producto previsible, en armonía con los usos y costumbres académicas e intelectuales. Si Aira tiene un modo de forjar su propio mito personal, es el desvío absoluto. Por eso estimo que hablar de *singularidad* permite pensar en algo inasible, no irreal, al contrario; Aira –como *La liebre*– está arraigado en la universalidad del continuo que es el acontecimiento envolvente entre vida y escritura, entre acción y cuento; no tiene que ver con las particularidades que distinguen y definen las semejanzas encuadradas en el orden de la generalidad. Aira puede reclamar el lugar de lo universal, allí donde "el hombre se hace mundo" *(La liebre)* pero nunca de lo general, privativo de la representación. El reino de Aira, como el Friedrich Nietzsche, es el de las posibilidades, el lugar donde todo puede pasar. Voy a describir estructuralmente dos planos de la novela que por supuesto están conectados, entre los que no hay interrupción: el de la historia (las anécdotas) y el de la enunciación. Vamos a la historia. El viaje es el tema de la novela narrada en una tercera persona omnisciente que la divide en dos partes: un breve relato ambientado en el Palermo de Rosas donde éste se dispone a recibir a un científico, un naturalista inglés, cuñado de Charles Darwin, quien se propone realizar una excursión al desierto para encontrar un objeto determinado: un animal que Clarke ubica como la liebre legibreriana. En este tramo, el narrador no hace solamente referencia al lucimiento acrobático que el gran anfitrión se empecina en conseguir frente al huésped extranjero sino que cuenta cómo Rosas le presta su caballo "Repetido" cuyo nombre va a trabar un vínculo más en la cadena del azar que tiene al doble como una de sus señales privilegiadas (por ejemplo, el retrato de las "dos Facundas" que pinta Prilidiano Puyerredón y que le muestra a Clarke). La segunda parte se subtitula "La liebre legibreriana" y narra los avatares de la expedición, que pueden resumirse como sigue: el inglés en compañía de Gauna, un gaucho baquiano, y de Carlos Álzaga Prior, un aprendiz de acuarelista, en su vasto recorrido por la pampa, conocen al legendario Cafulcurá y a su gente de Salinas Grandes junto con quienes, luego de una cacería de liebres sin que alguien haya visto una sola, se percatan de la desaparición del cacique. En un primer momento culpan a los tres viajeros de rapto, después les piden disculpas y los envían a investigar el "hecho" hacia los toldos de Coliqueo. En el ínterin dialogan, intercambian historias personales (por ejemplo, la historia de amor "frustrada" o suspendida entre Clarke y Rossana, narrada por éste con un estilo marcadamente romántico, efusivo, comenzando a insinuar un contraste entre el tono británico –reservado, medido y racional, propio de la ciencia– y la desatada pasión del sentimiento, la imaginación y el recuerdo). Pero también entre los visitantes y los indios comienzan a abrirse las liebres posibles (una leyenda, el personaje de un cuento para niños que vuela sobre territorios traspasando uno y otro lado de la tierra, la concentración de los indios frente a un supuesto vuelo o robo de una liebre que no se molestan en resolver, porque la distinción entre rito, representación y realidad para ellos es improcedente). En viaje hacia los toldos de Coliqueo (el cacique rival), se les revela la presencia de Juana Pitiley (sublime, hierática, inmóvil al modo de las construcciones de Raymond Roussel), la poderosa heroína, la principal de las treinta y dos esposas de Cafulcurá que antaño (tal como le cuenta Mallén a Clarke) rescató a su esposo de sus captores vorogas, y Clarke queda fascinado. Al mismo tiempo, les llega el rumor de que la raptora es una tal Viuda de Rondeau por lo que se disponen a seguirla. Ya en lo de Coliqueo participan del festín celebrado con una suerte de danzas y actuaciones, los indios se representan a sí mismos en diferentes estados (ebriedad, combate) hasta que Gauna le revela Clarke su secreto. Él pertenece a la dinastía de los Gauna Alvear y busca un diamante con forma de liebre que la tradición familiar traspasó en cada generación por rama femenina. Sus sospechas recaen sobre su medio hermana, la Viuda de Rondeau. Fuera de los dominios de Coliqueo y luego de un desenfrenado y caótico combate visitan las galerías y cuevas subterráneas de unos indios pequeños y pálidos que leen a René de Chateaubriand. Uno de los indios que los guían se llama Equimoxis. El pacífico cacique Pillán, en largas charlas con Clarke, insinúa la inferencia acerca de que el extraño vagabundo que divisan siempre en algún lugar no es una simple circunstancia sino un hueco excavado por el *sistema* mismo. Pillán también relata la huida legendaria de una liebre que cae en un pozo, y cuyos ojos se agrandan ante las escenas que ahí ve para transformarse en diamante. En una filigrana del continuo, el indio traduce la leyenda a la versión científica y atribuye lo narrado a los efectos de la presión que determina la transformación del carbón en diamante. A partir de allí, los hechos se precipitan, el flemático científico inglés se desnuda y engrasa a la usanza de los salvajes y, compenetrado ya a fondo con la batalla por la paz y con Cafulcurá, pasa al frente de las tropas huiliches. Entre tanto descubre aturdido a su doble, un perfecto sosías que usa su ropa y fuma su pipa y, cuando se restablece el orden, al llegar a Sierra de la Ventana, son capturados por indios que los llevan ante la presencia de Juana Pitiley. Ésta añade una nueva dosis de aventura para Clarke pues le revela que hace treinta y cinco años, cuando rescató a su marido, consumó su matrimonio en ese mismo lugar para dar a luz gemelos, Namuncurá y otro, al que cedió a un expedicionario inglés llamado Nehemías Clarke. Cuando su madre les revela a los viajeros la presencia de la Viuda de Rondeau, no sólo Gauna se encuentra con su medio hermana sino que Clarke descubre en ella a su eterna Rossana a quien *creía* muerta, luego de haber visto su cadáver desnudo sepultado en una montaña móvil de hielo negro, destruida luego por un rayo. Rossana relata su salvataje a manos de unos indios y la forzosa entrega en adopción de dos mellizos, hijos de ambos, a una tal Susana Prior. Carlos reacciona con una alegre bulla histérica, reconoce a sus padres biológicos, Rosanna y Clarke, y en Yñuy, la joven que ama, admite práctico y feliz a su hermana gemela. Respecto del narrador, no es una pieza más sino que a partir de él se construye una trama compleja donde cavilar, reflexionar, especular, hacen de la digresión el operador básico de la enunciación. El narrador que especula genera un desdoblamiento, reproduciendo o haciendo proliferar el nudo de sus debates, el continuo, por lo que la digresión toma el carácter fragmentario en el sentido de Nicolás Rosa y de Maurice Blanchot. No hay cortes ni interrupciones, no hay "discontinuidades" sino pliegues enunciativos donde la conexión de escenas, episodios y objetos de persecución o de debate está siempre presente, inmediata y simultáneamente. Al modo del rizoma deleuziano, en palabras de Aira, se puede empezar (a narrar, a buscar) siempre por cualquier lado, en cualquier punto de la cadena

del azar. Es el narrador quien asume la figura del antropólogo y en boca de Clarke pone estas palabras: "Estas cosas
sólo pasan en las novelas, pero las novelas sólo pasan en la
realidad".

Hay algunas ideas o nociones que funcionan como pivo-
tes en la estética de Aira. La idea de superficie está ligada a
la visibilidad y a las coincidencias, como la pintura genial de
Prilidiano, el atavismo de una descendencia que prolifera, el
sistema de coincidencias que adivina Rosas como una suerte de *anticipación* de una trama que aún no se ha hecho visible a los ojos de los personajes (del pasado y del porvenir).
A la superficie está ligado el concepto de miniatura (Raymond Roussel, Lewis Carroll, Jonathan Swift) "en el que las
cosas suceden casi de inmediato, en el que el tiempo está
amontonado". En el sistema de enunciación, el narrador realiza un juego de transferencias donde la imaginación de
Clarke vislumbra la clave del pliegue "en la forma de un cris-
talito: lo grande a la vez con lo pequeño, lo alejado con lo
próximo, la necesidad y la libertad", la "poesía del destino"
que con sus líneas horizontales y verticales deja que las cosas sucedan. La estética (lógica y poética a la vez) del continuo es suplementaria de la noción de superficie. Esto se da
entre el tema y las palabras de Cafulcurá, quien razona acerca de la transformación recíproca de las especies, de las inversiones de lo homogéneo y lo heterogéneo, de la conversión
de las acepciones de derecha e izquierda en una línea recta,
inversiones y *desplazamientos* que consolidan en definitiva
la noción de continuo. Pero esto es también producto de la
invención, de la creación de la cultura mapuche, y a tal punto llega su virtuosismo que pueden prescindir de los conec-
tores patentes o virtuales. El continuo es la función matriz.
Continuos son los ejemplos o parábolas que dan los indios
cuando pontifican, porque no pueden darlos por separado y,
a pesar de que Clarke lo vivencia aparentemente como una
dispersión, como una interrupción, es acá donde la paradoja marca su sentido, la digresión como el enlace íntimo del
nudo real de la fábula. Continuo es el presente, el instante
donde la serie de umbrales ("el agua, las orillas, los árboles,
la hierba...", el lugar cuyo hechizo se mantiene de línea en lí-

nea, de segmento en segmento) y la inminencia sugieren la
serie del infinito. El continuo se involucra así con las nociones complementarias de devenir y acontecimiento. "Lo curioso era que todas esas condiciones se anulaban en la actividad misma de averiguarlas: al trazar las distancias, las redu-
cían a cero, al poner en evidencia las posturas de tránsito relativas como líneas en un pasado aplastado contra el presente, las ponían a todas en un mismo plano de *acontecer*, que
era el plano de la llanura." Podríamos pensar en el acontecimiento como el significante, como el síntoma y la manifestación de lo real en el agujero colmado que convoca tanto el de
la Sierra (de la Ventana) como el de la trama que urden todos los motivos y los relatos engarzados como las cuentas de
un collar, y que hacen que todas las historias (diferentes), sin
embargo, sean parte de la misma, de la única historia.

Planteando la *relación* entre diferencia y unidad, cada relato, cada versión, es el elemento pasible de una combinatoria, una estructura abarcadora donde en realidad no existen
los hiatos sino que, como en la Alicia de Carroll, hacen al
continuo. En Aira la figura del límite, la noción de frontera,
marcan la repetición (el doble) y la diferencia (de la potencia
que realiza posibilidades siempre distintas). La frontera diseña una lógica del sentido que no se resuelve como lo que termina, fija o separa, sino como lo que provoca la *hybris* de la
desmesura.

* * *

Pasemos a *El entenado* de Saer. En la novela autobiográfica que comienza reponiendo una imagen del pasado ("De
esas costas vacías me quedó sobre todo la abundancia de
cielo"), el narrador protagonista concede a su orfandad la inclinación por los puertos, el lugar de la casa y el abrigo donde se ampara y alimenta el hambre por los cuentos, los cuentos de los viejos marineros y la mezcla de perfumes y sonidos. Si lo primero tiene resonancias benjaminianas (sobre todo en lo que atañe a su trabajo sobre el narrador en Nicolai
Leskov), lo segundo evoca a Marcel Proust. Un buen día decide embarcarse hacia un destino cualquiera y vislumbra en

los marinos la codicia y la fábula por el Nuevo Mundo. Poco después se reúne con el capitán, quien frente a su tripulación profiere una arenga sobre la "disciplina, el coraje y el amor a Dios, al Rey y al Trabajo". En el azul monótono de una travesía que dura meses comienza a percibir que los recuerdos no son "fundamento suficiente" para preservar el sentido de las cosas, esas que gradualmente van perdiendo su consistencia y espesor. A medida que avanzan los días, la incandescencia del mar, el horizonte, el cenit, testimonian su escasa realidad. Cuando entran en el río salvaje que forma el estuario y tocan tierra, el capitán apenas alcanza a emitir una frase incompleta "Tierra esta sin" cuando una flecha le atraviesa la garganta. La horda de salvajes que surge de la maleza para aniquilar a los expedicionarios no sólo le perdona la vida al narrador sino que lo protege. Pero con la muerte de esos hombres se extingue la primera certeza formada alrededor de una experiencia común. Para el extranjero adoptado la vida transcurre, durante diez años, en el cuidado y la deferencia por parte de los indios, hasta que lentamente se va produciendo el atisbo de una suerte de familia primigenia, comenzando por el río, al que los indios llaman "padre de los ríos" y que alguna vez el "pobre capitán" llamó "mar dulce". Con el recorrido por las playas, el narrador empieza a descifrar la lengua, los modos de codificar, representar y vivir que tienen los indios. Los juegos de los niños consistentes en armar figuras, líneas, círculos; el rito caníbal de los salvajes en torno de las brasas; la pira en cuyo centro arden los cadáveres de los infortunados tripulantes (resto desintegrado, origen de lo humano que va perdiendo densidad). El paso de las semanas, los meses, las estaciones, confiere un modo peculiar al modo de vivir de los indios, quienes realizan sus tareas con prolijidad y discernimiento en invierno y con dispersión en verano. "Así andaban los indios, del nacimiento a la muerte, perdidos en esa tierra desmedida. El fuego que los consumía, ubicuo, ardía al mismo tiempo en cada uno de los indios y en la tribu entera." Después de diez años, la muchedumbre anónima lo devuelve al río que, de alguna manera, lo *vio* nacer y su corriente anclará en nuevas orillas para confirmar un nuevo parto. Río abajo, en un cam-

pamento, otros desconocidos lo conducen a un oficial que lo
interroga acerca de los indios y comprueba que no puede
comprender su lengua materna. Por alguna culpa secreta y
original que impregna al entenado, los marinos que lo exami-
nan, escrutadores, con resquemor, lo traspasan a otra de
sus naves y lo ponen a disposición de un cura, hasta que por
fin llegan a lo que ellos llaman "no sin solemnidad obtusa,
nuestra patria", y resuelven en un convento una nueva tuto-
ría, ésta definitiva y genuina, al padre Quesada. Si año a año
la vida fue convirtiéndose en pozo de soledad, si la memoria
va cayendo en el fondo de la *negrura* al llanto del "primer
abandono" que registra, se añade prolongada una profunda
tristeza, para fundir en el rumor arcaico el silencio al grito.
Poco a poco al padre Quesada lo va sacando de su abismo y
el narrador, que fue su discípulo durante siete años, lo recuerda como alguien a quien los otros miembros de la comunidad miraban con recelo a causa de las libertades que le
prodigaba su saber. "Filósofo fino y abierto, razonador paciente y exacto", el padre Quesada combina humildad, amor
y vitalidad. Su ironía, mezclada a veces en la *pasión* por el vino, espanta al resto de la congregación: "...empezaba a hablar, por ejemplo de Simón Cireneo, compadeciéndolo por
ese azar que lo había puesto en el camino de la cruz trans-
formándolo en instrumento del calvario, o de San Pedro que,
después de haber negado tres veces a Jesucristo, se había
echado a llorar". Con la muerte del padre, luego de soportar
el tráfico de interrogaciones perentorias, informaciones y debates que circulaban en el convento, el viajero se entrega a
la intemperie. Y si hay algo que rescata de esas viejas discu-
siones es la contundente afirmación del padre de que los indios eran hijos putativos de Adán, es decir, hombres. Perdido en las ciudades, sufriendo la ausencia del padre que le es-
camoteó la vida y la presencia imborrable del mundo entero
como un "lugar desierto y calcinado", experimenta la fragilidad y la extrañeza de su ser y su vivir. Una noche se encuentra con unas personas en un comedero y al entrar en conver-
sación con ellas (uno era un viejo digno e inteligente) decide
por fin aceptar la propuesta de integrar la compañía de actores para ganarse la vida de camino en camino. Cuando una

tarde le cuenta al viejo su historia, se compromete a escri-
birla para representar su propio papel. Comienzan a ganar
tanta fama que llegan hasta la corte, y el aprendizaje ínte-
gro en que consiste su vida le permite atisbar un mensaje
secreto en sus simulaciones y los aplausos del público, como modo de navegar en las pantomimas inciertas donde todo resabio de verdad está excluido de antemano. Hastiado de
las simulaciones actorales, se hace cargo de las criaturas de
una prostituta muerta a puñaladas por los celos de un amante. De viaje al sur se instala en "una ciudad blanca que se co-
cina al sol entre viñas y olivares" y acrecienta su fortuna en-
señándoles a los que ahora son sus hijos el oficio de la im-
prenta, para que puedan manipular algo "más real que poses
o simulacros". La algarabía de nietos y bisnietos que llenan
su casa es un modo de afirmar la fundación de una identidad y una familia sobre la nada total, evocando el origen, el
encuentro fundacional de un espacio (el Nuevo Mundo). En
cierto modo en Saer se desliza una resonancia proustiana
con un dejo de fracaso, de acto fallido por el deseo de recuperar y retener los instantes, perecederos por efecto del olvido. En los tramos finales de la novela, la escritura es medio
y pretexto para meditar en tiempo presente, una remota posibilidad de vislumbrar la certidumbre en el aura eterna de
los objetos más simples (el pan, el vino, las aceitunas). "A decir verdad, más que certidumbre, vendría a ser como el indicio de algo imposible pero verdadero, un orden interno propio del mundo y muy cercano a nuestra experiencia del que
la *impresión* de eternidad, que para otros pareciera ser el atributo superior, no es más que un signo mundano y modesto,
la chafalonía que se pone a nuestro alcance para que, mez-
quinos, nuestros sentidos la puedan percibir."
    Para precisar el concepto de borde o de frontera (la inter-
ferencia, concepto que Rosa toma de Michel Serres, entre el
lenguaje y lo real, entre el presente del yo y el pasado de la
historia) señalaré que en Saer asume dos sentidos o direcciones posibles. Los signos inciertos que buscan perdurar
en la memoria y la conciencia se vuelven monótonos e inútiles al fárrago de lo inenarrable. El borde, el límite o la frontera plantean la *tensión* entre el lenguaje y lo real, como una

suerte de trampa viscosa donde el deseo no hace más que
desplazar las construcciones de lo imposible y la esperanza.
Creo que el idioma de los indios (como la *región* borrosa en
donde se interna el entenado) funciona como bisagra o eslabón respecto del imaginario occidental, el espacio *metafórico*
entre dos lenguas, dos culturas. En este sentido el muy citado Michel de Certeau, que es el soporte básico de esta segunda parte del análisis, permite reflexionar también sobre
la noción de frontera entre la oralidad (la voz escandida en
el tiempo, el grito salvaje, ausencia pura fuera del instante
presente en el que se manifiesta) y escritura (el poder de la
letra, de la ley) con la que Occidente se arroga el derecho absoluto de poseer el territorio y la palabra innombrados. La
particularidad de De Certeau consiste en que deconstruye el
lugar de la Conquista occidental: ahí donde se funda, se escribe la historia. Porque si bien la voz de los indios sustenta el saber europeo, con la efectividad de la vida salvaje, de
lo que aparece ante los ojos de los conquistadores, de aquello que alimenta la palabra y la letra occidental para tomar
estado público, no obstante no se puede suprimir la distancia, la frontera entre la otredad y lo propio. En términos de
De Certeau, lo otro se filtra, se introduce en la *sólida* conciencia occidental, desacomodando sus cimientos. Volviendo
a *El entenado*, de alguna manera el padre Quesada transmite las claves para pensar el mundo cuando escribe "Relación
de abandonado", como fruto de los diálogos con su discípulo. Figura o metáfora de la frontera, también es la dispersión, las hebras irreconciliables que las diferencias culturales articulan en torno de la identidad. Y es el registro autobiográfico el que se hace cargo de "percibir" los accidentes,
las disparidades, entre el sujeto y el mundo, los derroteros
y desvíos.

Con respecto a la tradición argentina, podemos pensar en
un conjunto de nombres y referentes que definen un género.
Guillermo H. Hudson (*La tierra purpúrea, Allá lejos y hace
tiempo*), Charles Darwin (tomado explícitamente como referente) y otros autores definen los signos de una emergencia
en la construcción de una identidad nacional, trazando un
arco que va desde la generación del 37 (Esteban Echeverría,

Domingo Faustino Sarmiento, José Mármol, Juan Bautista Alberdi) hasta la generación del 80, según Adolfo Prieto. En este libro apunto a Echeverría (concretamente a *La cautiva* y *Dogma socialista*), con el aporte crítico de María Teresa Gramuglio, autora de una de las primeras y pocas reseñas sobre *Ema, la cautiva*, una de las novelas más deslumbrantes de César Aira. Y es esto lo que señalo como el inicio de mi trabajo de investigación. Si el campo marca una zona común en lo que podríamos llamar "el ciclo rural" o "el ciclo pampeano" de Aira, la excursión al desierto inscribe un común denominador con *Una excursión a los indios ranqueles* de Lucio V. Mansilla. Quedaría pendiente releer y explorar algo más sobre este texto, pues me ha permitido pensar los procesos interferenciales desde el eje historia y literatura, donde la escritura por momentos es pretexto de consideraciones introspectivas, removiendo y contradiciendo permanentemente el discurso del yo que, dicho sea de paso, merodea entre las máscaras teatrales de la modestia y la vanidad. En un trabajo adopté una metáfora de Paul Veyne, la del historiador como viajero, una historia por cuyos resquicios reaparecen las historias (negociaciones, tratados, cuentos de fogón, intrigas familiares, contrapuntos, complicidades y sobreentendidos entre Lucio y su amigo Santiago, pues el texto está escrito en registro epistolar, guiños tan propios de la elite del 80, como lo estudian David Viñas y Noé Jitrik) que entretienen o informan, digresiones características no sólo de *Una excursión...* sino de sus relatos y causeries. (Cuando *Una excursión...* es dedicada y dirigida a Santiago Arcos [hijo], éste se hallaba en España; por otra parte, en 1860 publicó *Cuestión de indios*, donde se mostraba partidario de expulsarlos al sur de Río Negro.)

Hay otro autor que marca un sendero anárquico entre Europa y América, más precisamente la Argentina, despojado deliberadamente por un exilio voluntario: el polaco Witold Gombrowicz, con el que marco algunas relaciones entre Nietzsche y Aira. La negativa que impone a cualquier intento de encasillamiento o rótulo funciona como saqueo o "contrabando *ideológico*" que, al decir de Gombrowicz, rompe con las pautas legales en lo que respecta a la construcción y el uso de una tradición.

INTRODUCCIÓN

¿Cuáles pueden ser los motivos de pasiones y ansiedades sin fin por la consulta de mapas y planisferios? Varias, sin duda. Según lo que algunos textos nos dicen, un estímulo posible es buscar los tesoros de tiempos perdidos o proyectar intensidades guardadas en las arcas de la utopía.[1] De cualquier manera, una respuesta posible a la aventura de la exploración puede proceder de la fisonomía que Paul Bowles le confirió a Port, su personaje protagónico de *El cielo protector*. Allí donde el tiempo desdeña la prisa por el regreso a casa, olvidando las imposiciones del calendario, o cuando la lentitud desplaza el lugar de pertenencia y ya no cabe aceptar la

---

1. Los textos de ficción que desarrollaremos centralmente son César Aira, *La liebre* (Buenos Aires, Emecé, 1991) y Juan José Saer, *El entenado* (México, Folios, 1983). Los textos que hemos abordado secundariamente para completar el análisis son: César Aira, *Ema, la cautiva* (Buenos Aires, De Belgrano, 1981), *El vestido rosa* (Buenos Aires, Ada Korn, 1984), *El bautismo* (Buenos Aires, GEL, 1991), *Los misterios de Rosario* (Buenos Aires, Emecé, 1994), *La mendiga* (Buenos Aires, Mondadori, 1998) y Juan José Saer, *El arte de narrar* (Santa Fe, Universidad del Litoral, 1987), *Nadie, nada, nunca* (Buenos Aires, Seix Barral, 1980), *Glosa* (Buenos Aires, Alianza, 1986) y *La mayor*, Buenos Aires, CEAL, 1982).

propia civilización sin cuestionarla, aparece con sus impli-
cancias históricas, ideológicas y subjetivas la diferencia cru-
cial entre el turista y el viajero. Mientras que el primero persigue el deleite, el remanso o la pausa apacible en el curso
de su vida, el segundo cede al goce del riesgo más allá de los
encantos y placeres que los caminos puedan depararle, pres-
tándose sin límite a la desolación y a la esperanza frustrada
o también, como en el caso de Port, al extremo mismo de la
muerte. El viajero puede entonces disolverse y perpetuar su
partida en líneas de abandono y carreteras enajenantes,
marcando sus pasos libres en sendas sin retorno.

Este trabajo pretende un análisis de dos novelas en particular –*La liebre* de César Aira y *El entenado* de Juan José
Saer– a partir de un motivo que las reúne: el viaje. Desde allí
busco trazar los contornos borrosos de un mapa de mitos, leyendas y relatos que problematizan los discursos del imaginario histórico de la Conquista española de América y las exploraciones inglesas del siglo XIX en este mismo continente. Como sea, Occidente se arroga el derecho y la misión de viajar y
graba su mirada en las crónicas de Indias o en los relatos pro-
cedentes de Francia o Inglaterra. Se trataría, entonces, de ro-
dear un imaginario hecho y legado por una serie de libros escritos e informes que marcan el trayecto obsesivo por una tierra nueva. La incursión de Occidente en las pampas fluctúa
entre la expansión, la avidez de conocimiento o la ambición
por aquello que considera fuente de riquezas. Leyendo de un
modo que bordea diarios y memorias de búsqueda y navega-
ción, los nombres de Alexander von Humboldt, Alexis de Tocqueville y Gustave Marie Beaumont inician un traslado que
pasa por Charles Darwin para llegar a las variaciones exóticas
de William Hudson, Bruce Chatwin o Jules Supervielle. Pero
estos nombres forman el marco de referencia y no, en el caso
de este trabajo, objetos y claves de análisis. Ellos arman un
contexto cultural sobre cuya base es posible leer los operati-
vos sesgados y corrosivos que van a definir dos líneas poéticas
disímiles. Leemos de este modo los textos de Aira y Saer como
productos que filtran y transforman los restos del discurso
dominante cristalizados en cada conjunto de enunciados. En
esta dirección, el motivo del viaje procura formular problemas

de índole teórica y de un alcance más complejo y general que
el de meros tópicos o recursos temáticos. En este sentido, el
criterio adoptado para la selección de los textos responde a la
constante preocupación por los problemas de la escritura, en
tanto conjunto de operadores productivos de una práctica significante, presente en las novelas elegidas. Desde esta perspectiva, la categoría de *serie* me permite reunir en torno de
ellas nuevas claves para leer la literatura argentina con pres-
cindencia de las restricciones lineales historicistas o taxonómicas, llegando a establecer las marcas que organizan una determinada *poética*. En otros términos, pretendo analizar las
instancias mediante las cuales se trama una escritura como
proceso, las procedencias de ciertos rasgos, huellas y matices
cuya persistencia urde un modo de escribir donde el sistema
de citas y apropiaciones deja entrever también un modo de
leer. Así, las construcciones implícitas de las genealogías y los
modos de rubricar los lazos de los linajes o la filiación literaria, instauran la polémica frente a la concepción de tiempo
cronológico y sucesivo y la concepción de la literatura como
conjunto de obras sujetas a las preceptivas de escuelas, movimientos, estéticas o a la trascendencia de deudas e influencias. De este modo la categoría de tradición propone una relación compleja entre pasado y presente, formulando, además,
itinerarios inagotables entre poéticas coetáneas.

En tanto busco establecer vínculos dinámicos entre los
períodos cronológicos de los siglos XIX y XX, el marco teórico
que me sirve de base se orienta hacia cuestiones epistémi-
cas involucradas con la teoría de la historia e influye de modo concomitante sobre las nociones de *tradición* y *genealogía*. Aquí es donde comienza a funcionar el concepto de *serie*, cuya pertenencia original es explicitada por el campo
teórico del formalismo ruso, en especial por Jurij Tinianov.[2]

---

2. De acuerdo con la distinción de niveles que introduce Jurij Tinianov puede desarrollarse un análisis literario que les otorga a los conceptos de jerarquía y de procedimiento su debida importancia, des-
lindando las distintas relaciones entre funciones, sea por sustitución o por combinación. En este sentido, debe reconocerse también

Piensa la relación entre lo literario y lo social centrando su preocupación en el modo como se producen los cambios (evolución) entre formas, motivos y *funciones*, es decir, entre los elementos que constituyen el *sistema* literario. Conforme a sus enunciados, la serie artística o literaria se vincula a otras series históricas de acuerdo con leyes estructurales específicas que atañen a la función (que determina el modo y desarrollo específico en la serie literaria) y a las *mediaciones* (que rigen los cambios y correlaciones entre sistemas). Si, como afirma Tinianov, la literatura no puede ser estudiada aisladamente, la existencia de un "hecho literario" va a depender de su "cualidad diferencial", es decir, de su correlación con la serie literaria pero también con una serie extraliteraria, con lo cual queda cuestionado el enfoque "inmanente" de la obra. De este modo, al reconocer que la serie literaria convive con "series vecinas" –culturales, sociales–, somete el concepto "historia literaria" a un examen cuyas demandas principales consisten en transformarlo en una ciencia. Así, enfoques causalistas o centrados en la psicología del autor son sustituidos por el estudio de la variabilidad literaria fundada en el aserto de que la obra y la literatura en su conjunto constituyen un sistema, lo cual permite ac-

---

a Tinianov el ingreso de la dimensión histórica en el estudio estructural de la literatura, por cuanto que cada "sistema" refleja un aspecto homogéneo de la realidad. A esto, precisamente, Tinianov lo llama "serie", cuyo privilegio y colocación serán determinados por cada época particular (serie literaria, serie musical, teatral; serie de hechos económicos, políticos, etc.). Es de consulta necesaria el trabajo de Jurij Tinianov y Roman Jakobson, "Problemas de los estudios literarios y lingüísticos", en el cual afirman la existencia de leyes estructurales específicas al sistema de la literatura, abandonando los enfoques episódicos o anecdóticos por una sólida y estable base teórica y científica, a partir de lo cual pueden afirmar, por ejemplo, la interdependencia entre las nociones de sistema y evolución, puesto que el sincronismo puro se presenta como mera ilusión, por contener como sus propios elementos inseparables el pasado y el porvenir. Véase Tzvetan Todorov, *Teoría de la literatura de los formalistas rusos*, Buenos Aires, Siglo Veintiuno, 1976.

tualizar el problema de la relación entre las series y resituar el término 'tradición', admitiendo desde una perspectiva evolucionista los cambios de funciones y elementos formales producidos en un sistema.

Mijaíl Bajtín conserva la pretensión de edificar una ciencia en el dominio de la creación cultural, y distingue a la vez la compleja especificidad del objeto estético y la necesidad de ubicar el arte con relación a una filosofía sistemática de lo estético, pues sólo así se puede dar cuenta de las relaciones mantenidas con los elementos éticos y cognitivos en la unidad de la cultura humana.[3] De esta manera, le resta arbitrariedad a la autonomía artística, dado que la reconoce garantizada por su implicación en la unidad de la cultura. También, de acuerdo con esta línea de pensamiento, desarrolla un análisis crítico de la estética material que habían sostenido formalistas como Zhirmunski y Tomashevski, puesto que, si sus hipótesis de trabajo pueden llegar a ser sumamente útiles en cuanto al estudio de la técnica de la creación artística, tienden a elaborar un punto de vista científico del arte con independencia de la estética filosófica general, orientándose mediante la *materia* a la ciencia empírica positiva. A Bajtín pertenece la afirmación de que "la historia no conoce series aisladas", y no es casual que este enunciado sea uno de los puntos básicos de partida con los que Nicolás Rosa construye su teoría semiótica del sujeto de enunciación en el

---

3. Para Bajtín, la estética material no sólo aísla al arte en la cultura sino también a las artes particulares, carencia que juzga por la falsa posición asumida por la estética formal, según la cual se debe construir una ciencia del arte independientemente de la estética filosófica sistemática. Bajtín interpreta que el problema del dominio de la cultura puede ser entendido en su conjunto como el problema de las *fronteras* de ese dominio. Sin embargo, advierte que no debemos imaginarlo como un conjunto espacial "encuadrado por sus fronteras y teniendo, al mismo tiempo, un territorio interior", puesto que el dominio cultural está situado en las fronteras, que lo recorren por todas partes. Véase Mijaíl Bajtín, *Teoría y estética de la novela*, Madrid, Taurus, 1989.

género autobiográfico, situando su régimen de veridicción en
función del lugar intersticial del que da cuenta el concepto
de *interferencia*.[4] Para Bajtín es fundamental suprimir cualquier enfoque estático, por lo cual se hace necesario generar
una concepción histórica a partir de una interacción y un
condicionamiento recíprocos entre las series que constituyen
el dominio de una formación cultural. Es sintomático y congruente que a él pertenezca otro de los enunciados que Rosa
recupera en *El arte del olvido*: "Para entrar en la historia hay
que dejar de ser uno mismo". Ahora bien, en tanto y en
cuanto la obra como sistema y el concepto de serie provienen
de una matriz lingüística (dado que el nexo establecido entre
el ámbito de lo literario y lo social es de carácter verbal), debemos recordar la noción de diferencia cuya perspectiva,
proveniente de la lingüística estructural, deriva e influye en
una línea del posestructuralismo de raigambre marxista:
Pierre Macherey como discípulo de Louis Althusser.[5]

4. Respecto del problema de la unidad de las actitudes artística, ética y cognitiva, Rosa advierte que la perspectiva teórica de Bajtín no
lo llegaba a postular en términos precisos, esto es: la cuestión de la
unidad en la diferencia y de la diferencia en la unidad. Asimismo,
propone un régimen de valores ficcionales que rigen los postulados
de todo relato, que pueden ser formulados a partir del concepto de
interferencia. Ficcionalización del tiempo (cronológica), del espacio
(topológica), ambas aristas pueden ser pensadas como la "ciencia" a
la que aspiraba Bajtín, sin residuos kantianos. Véase Nicolás Rosa,
El arte del olvido, Buenos Aires, Puntosur, 1990.

5. Denunciando como envejecido el mito de explicación o comprensión del texto, Macherey afirma que el objetivo que una crítica debe
fijarse es la determinación de un sentido, donde la dificultad esencial a resolver reside en una actividad racional que no considera su
objeto como dado empíricamente. Partiendo de la hipótesis teórica
de que la obra no está encerrada en un sentido sino fundada sobre
una multiplicidad, le reconoce como propio el principio de diversidad que la afirma como incompleta. Asimismo, cuando Macherey
invalida la "ilusión interpretativa" que se remonta a un "centro escondido que le daría vida", está negando el análisis intrínseco o la
crítica inmanente para plantear que lo que permite rendir cuenta de

Pero son fundamentales para el trabajo sobre Aira, en particular, los aportes provenientes del concepto de diferencia (y de serie) que adopta Gilles Deleuze como desprendimiento filosófico a partir de la idea de retorno y transmutación genealógica de Friedrich Nietzsche.[6] El "modelo" de Deleuze es el *rizoma* y, si bien continúa de algún modo la idea de interconexión, con su postura crítica quedan abolidas las nociones de especificidad y mediación.[7] Así, el libro, por ejemplo, es concebido como una "composición maquínica"

la estructura de la obra es su desajuste interno, la cesura por cuyo medio "corresponde a una realidad también incompleta que deja ver sin reflejarla". Ésta es la *diferencia* que la obra literaria ofrece, ésta es la *ausencia* que muestra, allí donde la carencia y la falta determinan su existencia y condicionan aquello que tiene para decir. De este modo, lo que exige explicación no es la simplicidad que dotaría a la obra de unidad de sentido sino la presencia de una *relación* entre elementos y niveles de composición, mostrando a la vez un *conflicto de sentido* y la inscripción de una *alteridad*. Véase Pierre Macherey, *Para una teoría de la producción literaria*, Caracas, Ediciones de la Biblioteca, 1974.

6. Lo que se denomina "ídolo" es lo que hasta ahora fue llamado "verdad". No existe ninguna "realidad" ni "idealidad" que no sea trastocada en los escritos de Nietzsche. "Transvaloración de todos los valores": ésta es la fórmula para designar el acto de suprema autognosis de la humanidad, por medio de la cual el espíritu se desata de las constricciones sombrías e idealistas para devenir libre y, en medio de las cosas humanas, tomar posesión de sí mismo. "Todo ser quiere hacerse aquí palabra, todo devenir quiere aquí aprender a hablar de mí", tal es el alma que por placer se precipita en el *azar*, la que se sumerge en el devenir, la que *decide* sumergirse en el deseo, la que huyendo de sí se alcanza en los círculos más amplios, allí donde las cosas tienen su corriente y su contracorriente, su flujo y su reflujo". Friedrich Nietzsche, *Ecce hommo*, Madrid, Alianza, 1979.

7. Si Deleuze y Guattari conservan la rúbrica autoral mediante sus nombres propios, es eso mismo lo que les sirve para teorizar acerca del estatuto del yo: "No importa el extremo en que ya no se dice yo, sino el extremo en el que decir yo no tiene importancia alguna". Cuando ya no se es uno mismo, el yo se absorbe y multiplica. En esta misma perspectiva, el libro, en calidad de composición, es inatribuible,

cuyas funciones dependen del grado de intensidad con el que
las líneas de articulación o de fuga forman una totalidad significante. El "sistema" o "rizoma" deleuziano depende de
principios de conexión y heterogeneidad, sobre los que hacen
pivote por ramificaciones circulares, laterales pero nunca di-
cotómicas, lo cual favorece el interés depositado en el modo
de funcionar de las cosas y hasta de los libros. Para Deleuze
el libro no es objeto susceptible de proveer respuestas sobre
la comprensión o los intereses interpretativos; más bien su
composición se vincula con las conexiones que, exteriores, le
son inherentes. Lo que se debe preguntar acerca del libro
(como objeto-rizoma), entonces, es cómo introduce intensidades metamorfoseando su propia naturaleza. Ahora bien,
en el rizoma la ruptura no excluye las remisiones simultáneas entre líneas de segmentariedad o estratificación y las de
fuga o desterritorialización. En esta dirección, más allá de
que en todo rizoma subsistan formaciones que lo organizan
y le prestan atributos para dirimir entre sujeto y objeto, sus
dimensiones y líneas disponen en él un plano que encadena
el múltiple devenir cuyos encadenamientos y relevos aban-
donan por fin el esquema evolucionista del árbol y la descen-

---

y a su sistema de conexiones fasciculadas puede llamársele *rizoma*.
Es aquí donde se aborta la raíz primordial injertando multiplicidades
inmediatas y donde, no obstante, la unidad subsiste como *pasado
venidero, como posible*. Se trata, por ejemplo, del plegado de un texto sobre otro, constitutivo de raíces múltiples; de esta manera se implica una dimensión suplementaria a la de los textos considerados,
y es precisamente en ese suplemento del pliegue donde la unidad
prosigue su trabajo. Los giros modernos en James Joyce, por ejemplo, hacen proliferar las series y pueden favorecer el crecimiento de
una multiplicidad en una dirección. En este sentido, según Deleuze
y Guattari, las palabras de Joyce consideradas "de raíces múltiples"
no rompen la unidad lineal de la palabra o de la lengua más que estableciendo el lugar no sabido, el del retorno de la frase, del texto o
del saber. Planta, animal o madriguera, el sistema del rizoma ejerce
sus funciones de evasión, ruptura y desplazamiento para poder co-
nectar, desde sus diversas formas, algún punto con otro cualquiera.
Gilles Deleuze y Félix Guattari, *Rizoma*, México, Premiá, 1978.

dencia. La *fuga* y la *segmentariedad* constituyen por lo tanto series heterogéneas cuyas intensidades se encadenan, circulan y relevan sin guardar ninguna semejanza ni parecido, lo cual cancela también el modelo de la imitación. Desde esta perspectiva, si el mapa y no el calco es la figura del rizoma es porque se dirige a una experimentación derivada de la realidad. Deteniéndose en el modo de funcionar propio del rizoma, Deleuze advierte sus procedencias por "crecimientos y estallidos" que actúan por cortes significantes, con lo que se distingue de los sistemas estructuralistas formados por puntos y posiciones, por distinciones entre futuro y pasado que omiten el devenir.

Antes nos referimos a Nietzsche porque para estos razonamientos "intempestivos" su nombre abre un nuevo lenguaje y desmonta los prejuicios metafísicos, ésos que fundan la antítesis de los valores y que, privilegiando la supuesta conciencia de un saber, esconden los carriles secretos de un pensar instintivo. Admitiendo las ficciones lógicas, aun a riesgo de enfrentarse a los "sentimientos de valor habituales", Nietzsche construye una génesis con estima por la falsedad, lo indeterminado y la apariencia, lo cual si, desde la perspectiva metafísica occidental, atenta contra la "verdad", para Nietzsche eso carece de importancia y hace posible una inaugural "condición de vida" que se cimenta en la no-verdad que la favorece, conserva e incluso selecciona la especie: "Todo lo que es profundo ama la máscara". La sentencia de Nietzsche apuesta en contra de la representación, la imagen y el símbolo de las cosas (contra la verdad profunda acariciada por los filósofos doctos), conformando en su lugar una idea de naturaleza derrochadora e indiferente sin medida, incierta, cuyo sentido artístico sabe leer Zaratustra, danzarín y ligero, en el eterno retorno del existir. Nietzsche-Zaratustra suprime en el tiempo la distinción entre pasado y futuro para concebir su infinitud y eternidad iluminadas por la *serie simultánea de repeticiones*. Lo que fue, lo que será y lo que es ya no están separados, porque la reiteración los afirma como tiempo entero cuyo centro está en todas partes. El carácter leve y flotante del tiempo curva su propio sendero y es allí, en el espacio del tiempo, donde las cosas intervienen y se transfiguran.

Si Deleuze proporciona una apoyatura filosófica o un marco conceptual para abordar ciertas cuestiones estéticas que funcionan en la poética de Aira, en los trabajos de Michel de Certeau podemos encontrar categorías de análisis, "estructuras de pensamiento" que en la escritura de la novela de Juan José Saer se filtran con sus propias modalidades.[8] De esta manera, desde mi posición crítica el soporte teórico es asumido con sus procedimientos y mecanismos específicos, caución epistémica que preserva los objetos de

8. Entre ficción y realidad media el nivel de los procedimientos de análisis (examen y comparación de documentos) y el nivel de las interpretaciones (productos de la operación). De Certeau atribuye al discurso técnico de la historiografía la autoridad con la que se reviste para determinar los "errores" de la ficción, acreditándose a la vez una relación con lo real y la posibilidad de situar a su "contrario" bajo el signo de lo falso. Metafórica, sin lugar propio ni seguro, la ficción transgrede en este sentido la regla básica de la cientificidad. Bruja o sirena de la cual el historiador debe defenderse, se mueve inaprehensible en el campo de lo otro designando una deriva semántica, conjurando los esfuerzos de clasificación y los exorcismos de laboratorio. En sus trabajos sobre historia y psicoanálisis, De Certeau afirma que ambas disciplinas se enfrentan con dos estrategias del tiempo, por poseer dos maneras diferentes de distribuir el espacio de la memoria. Mientras que el psicoanálisis reconoce el pasado *en* el presente, la historiografía pone uno al lado del otro. Así, el psicoanálisis se articula sobre un proceso que es el centro del descubrimiento freudiano: el retorno de lo rechazado, donde se pone en juego una concepción del tiempo y de la memoria en la que la conciencia "es a la vez la máscara engañadora y la huella efectiva de acontecimientos que organizan el presente". De esta manera el pasado y su inquietante familiaridad *re-muerde* (secreta y repetitivamente) el lugar actual que lo expulsó. La historiografía, en cambio, se desarrolla a la inversa, porque produce una ruptura entre pasado y presente, en cuya ambivalencia reside la esencia de la escritura, dado que funciona bien como desperdicio excluido de lo real, bien como *autoridad caníbal*, puesto que la grafía tiene, posee y devora el lugar de la historia que le falta porque toma el lugar de los acontecimientos. Michel de Certeau, *Historia y psicoanálisis*, México, Universidad Iberoamericana, 1995.

estudio contra el riesgo infructuoso de traslaciones directas
o paralelismos más o menos forzados. En esta instancia, cabe preguntarse por los criterios de selección bibliográfica,
por sus eventuales aportes productivos y por el adecuado
proceso de asimilación e instrumentación que se debe llevar
a cabo entre el lapso que va desde el perfilamiento de una hipótesis, el recorte del objeto en el campo literario y la elaboración de una base instrumental orientada a consolidar el
lugar desde donde se realiza la lectura; en otros términos, a
fundamentar desde dónde se lee. Por ello, más allá del interés que podamos depositar a lo largo del recorrido por los objetos que ocupan la atención en De Certeau, trazando un
vasto periplo que incluye el psicoanálisis, la teología, la historia y la literatura, me interesa detenerme en la atracción
que ejercen sobre él aquellas prácticas y/o métodos que a
través del lenguaje son capaces de transformar el campo de
las ciencias humanas. Ciertamente, su posición teórica y crítica se construye sobre una revisión constante del proceso
según el cual se configuran y cristalizan las "disciplinas" de
acuerdo con el funcionamiento de las instituciones; en este
sentido va a enfatizar la ruptura que se genera entre el ámbito de lo histórico y lo literario, legalizada por las distribuciones que, operadas por las ciencias positivas, discriminan
entre lo "objetivo" y lo "imaginario" o, dicho en otras palabras, entre lo que la ciencia controla y aquello que se le escapa. Estableciendo nuevas relaciones en torno del problema
de fronteras, De Certeau insiste en definir de otro modo los
términos de la cuestión al resituar el problema (a su juicio
central) de *la escritura y la institución* en una redistribución
del espacio epistemológico. Los desplazamientos entre géneros o las mutuas conversiones entre saberes, el conflicto de
estrategias entre la autoridad científica que adopta una con-
notación de carácter serio y las ficciones relegadas al margen
como el resto, lo rechazado o la otredad, recolocan el discurso analítico y lo transforman en función de operaciones realizadas sobre el objeto. Una perspectiva productiva atiende
las metamorfosis del discurso, que no está exento de los mecanismos que trata y descubre en determinados objetos, di-
lucidando su propia participación y sometimiento en esas

mismas estructuras que ya no mantienen el privilegio de ninguna posición de observador. Éste es el punto que anuda la cuestión, fundamental en los análisis de De Certeau, de las relaciones entre psicoanálisis, historia y literatura. De Sigmund Freud reconoce el punto estratégico de una oscilación, el centro de una ambivalencia que atañe al sujeto en posición de analista, cuyo saber es desmistificado y regresado a la nada; pero, a la vez, la práctica se apoya en un saber acreditado por el nombre propio de una institución, asegurándose un lugar magisterial desde la institución psicoanalítica y social que lo sostiene. En De Certeau, la referencia a Freud destaca el discurso ya como "escritura", ya como "institución", estableciendo así el lugar para lo que Freud mismo llama "la escritura de la historia", cuya ambivalencia inherente opera un doble proceso: la exclusión que marca el sitio del desperdicio o del residuo y la autoridad o institución que controla y domina. Tal como De Certeau lo expone desde una perspectiva freudiana, la "escritura de la historia" se produce a partir de la desaparición de los acontecimientos de los que trata; de ellos *nada* subsiste porque la escritura se excluye de lo real y se constituye a partir del lugar de la historia, que le falta. Si la escritura está exiliada de lo real, es en esa misma separación donde busca compensar la pérdida, de cuya cobertura la autoridad se hace cargo al ejercer un poder. Es la autoridad de un saber que sustituye lo que no tiene y extrae su eficacia de una promesa que no garantiza su cumplimiento: si la escritura toma el lugar de los hechos, se excluye de aquello de lo que habla y, no obstante, es "caníbal" porque toma el lugar de la falta. En esta instancia, con su prestigio la máquina institucional opera la caución que articula y sustituye la nada por la autoridad.

El exilio de lo real marca la privación de los acontecimientos y cierta instancia temporal inscripta en la pérdida, interminable, de un lugar. De todos modos, es esta dualidad la que funciona como gozne o bisagra en el proceso de escritura cuya producción dirige tanto al "desecho de la ciencia", a la "ilusión del conocimiento" como a la voracidad pedagógica del discurso. En *El entenado*, el cuerpo de la letra también signa una marcha inacabada, una lenta peregrinación por los borrosos senderos de la memoria, en alianza con una voracidad insaciable y consciente a la vez de sus frustrantes restricciones. Debido a esto De Certeau me ha resultado muy productivo teóricamente, lo cual se advertirá a lo largo de este trabajo.

Al apuntar a una lectura que opere críticamente, procuro enfatizar la fundación y los cruces de los linajes literarios, el sistema de citas y apropiaciones que instauran los textos, los modos posibles por los que una escritura asume su carácter de deriva (en el sentido de Maurice Blanchot). Así, pretendo reponer el flujo de tensiones donde se pliegan los mitos culturales y, también, recolocar desde la lectura los fragmentos de los géneros o los registros que constituyen el cruce de la serie conformada a partir de la literatura de viajes. Llegado este punto, creo necesario hacer explícita la génesis de la noción de motivo que, como lo recordamos, surge a partir de la distinción entre trama y argumento que estableció Tomashevski, quien concibió el *motivo* como aquella partícula no analizable, la parte más pequeña de una proposición, es decir, aquello no susceptible de seguir una descomposición analítica en una obra determinada. El teórico ruso, quien además distingue entre motivos dinámicos o estáticos según modifiquen o no las situaciones de la trama, formula al respecto algunas reservas cuando sostiene que en los estudios históricos y/o comparativos el concepto "no analizable" resulta prescindible. En otras palabras, los motivos reaparecen a lo largo de la historia literaria, conservándose como unidades combinatorias a través de las peregrinaciones "de obra en obra". Para mi análisis es importante tener en cuenta dos cuestiones: en primer lugar, no tanto el motivo asociado (aquel que no puede ser excluido porque de él depende la continuidad de la narración) sino ese motivo libre, independiente de la causalidad y cronología de los acontecimientos narrados. En segundo lugar, en un nivel más general, voy a prescindir de una metodología comparatística porque privilegio las alteraciones, las fisuras que la tradición poética no analiza, los usos y reposiciones que escapan a los esquemas literarios, los cambios y las alternancias que modifican las relaciones estables entre los textos. Desde esta perspectiva, haré uso de este concepto para abordar las rela-

ciones transtextuales dotadas por la energía intrínseca de la
escritura, por su operatividad productiva, para poder leer cómo el *viaje* excede el marco formal deviniendo como materia
que proporciona su fuerza dinámica a las narraciones. De esta manera, me interesa ver cómo funciona el viaje y a través
de qué operadores se despliega: la repetición (de motivos, de
acciones, actantes como objetos discursivos, pero también como sucesos articulados en la lógica de la peripecia) y el desplazamiento (de la significación) son instancias que producen
la escritura. Así, creo que debemos tener presente algo más
que las relaciones estructurales, instaladas en cada texto particular, por el viaje como unidad temática. De allí que los motivos aparezcan en textos de por sí disímiles o cuya estructura narrativa no tiene nada en común. Es posible ver cómo los
motivos en un corpus dado (en un autor o en varios) se estruc-
turan en cierta forma o se desplazan.

En primer lugar, entonces, intento trazar las proyecciones
literales y tópicas del sentido del viaje. Por lo tanto, en un
primer tramo buscaré los puntos de articulación entre los
distintos recorridos que diseñan el "mapa" literario. También
me detendré en aquellas grietas o fisuras que responden a
diversos planteos textuales, a concepciones de literatura
subyacentes en cada novela, y de este modo intentaré resituar el motivo del viaje, operación que contribuye en la advertencia de su carácter de dispositivo escriturario. Esto es
lo que permite a la lectura crítica organizar un rastreo, una
serie de itinerarios posibles en la literatura argentina. De esta manera, los textos del siglo XX constituyen un punto de
anclaje, de llegada, por ser productos que reescriben poéticas y géneros, y por aplazar desde el reverso de la lectura
realizada por ellos cualquier sentido teleológico o taxonómico. Los textos del siglo XX, en este caso *La liebre* y *El entenado*, abren las fisuras de la tradición canónica contrapesando
los efectos de un pasaje y una herencia cultural.

EL LUGAR DE LA CRÍTICA

INTRODUCCIÓN

En primera instancia, armar un corpus significó relacionar textos a partir de motivos comunes pero también, desde el punto de vista de una lectura sincrónica, abordar en cada uno de ellos modos y procedimientos narrativos que trazan el diseño de una poética particular. Si hay una zona compartida por estas dos estéticas (la de Aira, la de Saer), es aquella sobre la cual ambos enfatizan su condición de generadores de un proceso de producción: la *escritura.* Por un lado, entonces, nos situamos frente a un texto, nítido y delimitado, producto de una compleja serie de operaciones, resultado de una ardua elaboración de instancias mediante las cuales los saberes (literatura, historia) llegan a un punto de anclaje y condensación. Desde esta perspectiva, tanto Aira como Saer reponen las marcas de la *lectura* que ellos realizan, impulsando una exploración sostenida en el espacio real (la materialidad de la página) e imaginario (el juego de las figuraciones) que sus textos construyen; son sus lecturas (de la tradición, del sistema) las que, de algún modo, intentan fraguar una mirada del mundo, una explicación fallida de lo real agregando siempre nuevos sentidos, si entendemos esto en su acepción intertextual.

Por un lado, decía, texto. Por el otro, me ocupo de un sistema, una movilidad y deriva de significantes, una producción y fuga de sentidos, es decir, la escritura. Texto y escritura son caras de una misma moneda: la producción; al señalar una apuntamos siempre a la otra. Pero debo dejar sentado que, desde mi posición, destituyo una lectura cronológica que sólo pueda dar cuenta de algunos niveles emergentes de la textualidad. Por la compleja instauración de sus mecanismos, no podemos relegar las distintas figuraciones del espacio que urde la escritura en la construcción de sus textos; así, un espacio puede ser el blanco inicial del comienzo, el intersticio que engendra el movimiento diacrónico (la instancia de la filiación). Esto corresponde a una caracterización imaginaria de la "literatura", a una concepción que intenta deconstruir o alterar el modelo de la tradición más allá de las determinaciones genealógicas, los usos y las apropiaciones de los géneros. En este sentido, los espacios que instauran historia y genealogía corresponden a una "formación" ideológica formalizada, encarnada en el acto verbal. La conciencia del trabajo o de la práctica que anida en la escritura opera entonces como una formación metadiscursiva, como una crítica constante a los lugares (de privilegio, pertinencia, pertenencia, dictamen o exclusión) de la literatura tradicional. En el espacio generado por la escritura (y a su vez productor de la escritura) se juega la evanescencia y ubicuidad del sujeto (de la entidad "yo escritor"), su disolución transtemporal y discontinua en una alucinación genealógica: no leer preceptivamente Aira según Mansilla (no según la noción de influencia) sino leer de modo sesgado y torsivo a Mansilla en Aira.

Recurrentemente surge en mí la necesidad de preguntarme qué es la crítica literaria, en qué consiste su objeto. Entonces, invoco una respuesta posible en las teorizaciones de Macherey. El teórico francés distingue entre el *campo* de la crítica (al que señala como el estudio de las obras literarias) y el objeto que en la práctica teórica sólo surge tardíamente. En este sentido, el objeto no está situado delante de la mirada que lo indaga; saber no es ver ni seguir las disposiciones determinadas. El aporte al que la crítica

aspira es el conocimiento que supone la invención de una
nueva palabra. Conocer no es, pues, volver a encontrar un
sentido latente, reconstruir uno olvidado o escondido sino
constituir un saber nuevo. Es decir, un saber que agrega
algo más a la realidad de la cual parte y de la cual habla
transformando efectivamente la realidad tal como le es dada. Es así como se puede decir que, por medio de la utili-
zación de un lenguaje nuevo, el crítico hace manifestar en
la obra una *diferencia*, hace parecer que ella es distinta de
lo que es. Siguiendo esta línea, la orientación de mi proyecto consistió en enfocar la obra literaria no como si fuese
una totalidad suficiente a sí misma, dado que las hipótesis
de la unidad y de la independencia de la obra literaria son
arbitrarias. En particular, la obra literaria se relaciona con
el lenguaje en tanto tal; por medio de él se vincula con los
otros usos del lenguaje: uso teórico y uso ideológico. Por in-
termedio de las ideologías se relaciona con la historia de las
formaciones sociales, como también lo hace por la propia
condición del escritor. Finalmente, la obra literaria sólo
existe por su relación al menos con una parte de la historia de la producción literaria que le transmite los instru-
mentos esenciales de su trabajo. En pocas palabras y con
ecos de Macherey: un libro no viene nunca solo, siempre
está acompañado del conjunto de las formaciones con relación a las cuales toma cuerpo. De este modo, se encuentra
con respecto a ellas en un estado de dependencia pues, como todo producto, es una segunda realidad, lo que no significa que no exista en virtud de leyes que le son propias.
Las relaciones intertextuales que lee la crítica prueban en
parte la productividad de estos vínculos.

En el plano de la crítica, he tropezado con una peculiaridad que establece un recorte diferente para cada uno de los
escritores elegidos. El volumen de estudios dedicados a Saer
(citamos los nombres de Noé Jitrik, Nicolás Rosa, Beatriz
Sarlo, María Teresa Gramuglio, Cristina Iglesia, Graciela
Montaldo, entre otros) ha definido, en cierto modo, una tradición: la atención que ha suscitado su nombre lo sitúa próximo a la consagración de un clásico. Por otro lado, tal como
más adelante se especifica, la originalidad y perspicacia de

algunos trabajos también expresan una masa crítica formada alrededor de nuevas generaciones.

Mientras tanto, el nombre de Aira se construye bajo el aura del prestigio sin contar, cuantitativamente hablando, con
el caudal de estudios que se aglutinó en torno de Saer. Así,
parece que la crítica sobre Aira comenzara a sistematizarse,
sobre todo, a partir de generaciones más recientes, hecho
que es posible confirmar con un nombre que funciona como
bisagra entre los dos escritores que orientan mi investigación: Graciela Montaldo. De cualquier manera, César Aira in-
cita a perdurar en los trabajos a él dedicados –tal es el caso
de Sandra Contreras– y también puede provocar incursiones
más esporádicas o tangenciales respecto de otros objetos de
estudios críticos –María Teresa Gramuglio, María Florencia
Garramuño, Judith Podlubne, Leo Pollman, Laura Estrin y
Martín Kohan, entre otros.

En lo que a mi trabajo se refiere, puedo decir que prefiero realizar un recorte que localice el *síntoma* contemporáneo
de Aira sobre el fondo móvil de la tradición decimonónica. A
partir de allí, doy la prioridad a una poética que, consciente
de sus propios modelos, cancela o, mejor dicho, deconstruye
el logos de la representación occidental.

CIVILIZACIÓN Y BARBARIE.
LA DESCONSTRUCCIÓN DEL ESTEREOTIPO

María Teresa Gramuglio recordaba, hace ya varios años,
una frase de Esteban Echeverría en las reflexiones prelimi-
nares a *La cautiva*: "El desierto es nuestro más pingüe patrimonio"; en esta frase reconocía también los acentos de dos
programas implícitos, uno estético y otro político. Se trata,
por una parte, de tomar posesión sobre ese patrimonio, cómo dominar y transformar ese vacío, en cuya realización el
programa estético inaugura un imaginario sobre el desierto y
sus habitantes; por otra parte, el *Dogma socialista*, aquel que
incluye las "noticias biográficas" de Juan María Gutiérrez,
confirma en este sentido el proyecto de desarrollar la indus-
tria pastoril y agrícola, advirtiendo que, si bien en nuestro

país todas las tierras son fértiles, unas producen y otras no, condición fundamental para que su valor baje al mínimo en la frontera, donde empieza el desierto.[1]

Mi investigación comienza en el punto donde *Ema, la cautiva*, de César Aira, abre la polémica en torno del sistema literario recorrido por la controversia y la antinomia *civilización* y *barbarie*, cuyos repliegues se extienden sobre el espacio del desierto y distribuyen, según las lecturas liberales o las federalistas, una lógica binaria del conjunto de figuras, espaciales y actanciales. Si trazamos un arco que va desde Domingo F. Sarmiento a José Hernández, podemos leer las variables estéticas e ideológicas que articulan el imaginario del desierto alrededor de fortines, toldos, indios, soldados, cautivas, gauchos, malones y ejércitos. La novela de Aira, publicada en la década del 80, instaura una compleja interacción dentro del sistema de convenciones de la literatura tradicional, puesto que hace ingresar cada uno de sus términos para dislocar el registro de lo literal. Aira exaspera los lugares comunes de la cultura argentina, los clásicos ideologemas instalados en los sistemas discursivos de la política, la historia y la literatura porque no los invierte ni los sustituye con un signo de oposición; tampoco privilegia la barbarie como término reconocible dentro de la esfera heredada por las taxonomías o los sellos dicotómicos. En Aira, se trata más bien de una operación sobre el desvío, la modificación desconstructiva que termina por trastornar los modelos emplazados por el dictamen de la tradición. El anacronismo, por ejemplo, provoca estos efectos para desalojar al fin los modos previsibles de la representación verista.

Ema, la cautiva se inicia con el viaje hacia el fortín de Pringles de un contingente de presos custodiado por unos pocos soldados y oficiales. Hay un ingeniero francés que acompaña a la caravana, cuya mirada extrañada, absorta, alude a la figura del viajero europeo, atónito ante las formas de vida del

---

1. Véase María Teresa Gramuglio, "Increíbles aventuras de una nieta de la cautiva", en *Punto de Vista*, 14, Buenos Aires, 1982.

desierto. Pero ese atisbo de perspectiva etnológica va a termi-
nar por disolverse entre extravagancias e inventarios desati-
nados, por lo que la función representativa sólo ingresa para
ser trastornada. Aira introduce desde el comienzo un conjunto de indicios dispersos (caballos que mueren de susto por el
vuelo de una polilla, esferas de papel para proteger el fuego del
asado) que van a desatar el recurso a la fantasía, intensifica-
do gradualmente a lo largo del relato hasta despegarlo totalmente de las expectables condiciones de verosimilitud que se
desprenden de los exponentes tradicionales de la literatura del
desierto. Ahora bien, si el elemento cuya función de interco-
nectar las piezas diseminadas y llenar los blancos es el *azar*,
el *viaje* es su complemento móvil pues produce los encuentros
entre razas, convirtiendo a Ema en agente de mutación perpetua. Aquí, la desterritorialización despoja al régimen del discurso (acciones, actantes) de la impronta maniquea que las
oposiciones asignaron a la historia de la literatura argentina.
Prueba de esto, en parte, son *La cautiva* y *El matadero* de Esteban Echeverría, cuya mirada asimila el espacio de la orgía
bárbara en el desierto y en el lodazal de una zona al sur de
Buenos Aires que reúne "todo lo horrible, feo, inmundo y de-
forme de una pequeña clase proletaria del Río de la Plata".

Ya en mi trabajo "Fiesta y cuerpo: algunas reescrituras de
civilización y barbarie" propuse desandar los itinerarios que
delimitan el origen o instauran ciertas pautas para el género
gauchesco. Allí advertía la posibilidad de actualizar sus pre-
misas y condiciones estéticas, localizando signos e inscrip-
ciones de esta poética ya en el creador de la Asociación del
37. Esteban Echeverría, Hilario Ascasubi, Bustos Domecq,
apuestan a la estrategia de fijar una distribución inamovible
del bien y del mal. Por ello, desde un primer momento, me
llamó la atención que el espacio recorrido por Ema se trans-
formara en una textura voluble e intersticial, donde el contorno va marcando su perspectiva al compás de una explosión de azar. Si hay una lógica que aquí rige la estructura narrativa es la de la ausencia de concepto e identidad, y Ema
la encarna a partir de una persecución indefinida, distrayén-
dose a cada paso de su propia presencia. Camino inacabado,
el azar se lanza a la búsqueda vacía de un centro excluido;

línea interminable que se prolonga hacia la apertura de una
falsa perspectiva, el azar como el deseo va a la zaga de su
inanidad, desposeído desde el comienzo: nunca saciado, vacuo y leal a la sola necesidad de lo que nunca se cierra ni se
satisface. Los pasajes e itinerarios de Ema son el reverso de
un lenguaje en fuga; son el delirio, el otro lado de las palabras, ahora privadas de su objeto y de su meta. En Ema (tanto la novela como el personaje) el azar se desplaza y las cosas se reparten en él con relación a un sentido de superficie
sin sujeto. Uno que lo pronuncie o lo detente. La trama del
azar, al contrario de la lógica binaria, se desorienta, se abandona e, inconsciente, se entrega a la ex-tensión de una caída vaga. A veces, revestido en un recurrente juego de dados,
el azar configura la práctica escrituraria del pasaje y confluye a hacer desaparecer en la novela las marcas de identidades, de conceptos y de tipos. El azar vertebra los mecanismos constructivos de una escritura materializada, por antonomasia, en el componente lúdico como marca obsesiva y en
la impugnación de actitudes interpretativas. Así, por ejemplo, la escena imposible se urde en el ruido de los dados en
los tableros y los contornos de tinta negra, imprecisos, sobre
las siluetas silenciosas y cadentes de las kamuros.

Desde el plano de la escritura, entonces, podemos leer la inversión de signos operada sobre la dicotomía civilización/bar-
barie en la primera parte de la novela, dado que la narración
adjudica a los soldados el salvajismo y la brutalidad. Pero en
una segunda instancia y sin que medie ninguna explicación,
el texto pone de manifiesto la desestabilización de contrastes
y la ruptura del código clausurado por el realismo. Un ejemplo
de esto es la atmósfera onírica entre el humo del opio y la imprecisa opacidad de los cuerpos tatuados. Las sensaciones
que experimentan los personajes, sumergidos en el delirio de
hechos ilusorios y de espejismos, parecen anunciar de soslayo una propuesta implícita de la escritura. Si, siguiendo a Valentín Voloshinov,[2] pensamos el clásico *ideologema* en la inte-

2. Véase Valentín Voloshinov (M. Bajtín), *El signo ideológico y la filosofía del lenguaje*, Buenos Aires, Nueva Visión, 1976.

racción sígnica de una colectividad que convierte la palabra en
el medio más puro y genuino de la comunicación social alu-
diendo a las polarizaciones más radicalizadas, a los contrastes
más enconados, el plano ideológico se vuelve vago y fútil, indiferente a los rasgos previos que definieron los lugares ideológicos que ocuparon uniformes o taparrabos. Mediante la instauración en la escritura de procedimientos que diluyen y fractu-
ran las marcas antitéticas y los perfiles realistas se juega a la
más extrema ficción pues, al suprimirse las pertinencias opo-
sitivas de cada término (militares/indios), se apuesta a desin-
tegrar las categorías de representación situadas como anclaje
en el canon literario. *Ema* no es sólo la novela circunscripta a
describir instancias y situaciones interferidas por el azar sino
que desde las propias leyes de su itinerario o andadura el proceso escriturario es ya el juego desconstructor. Desde esta
perspectiva hablo de *parodia* y, más específicamente, adecuan-
do este enfoque en el sentido de Macherey, si la literatura puede definirse por la función paródica porque mezcla los usos del
lenguaje, ella acaba por mostrar, negativamente, la "verdad".
De este modo, al margen del texto, siempre acabamos por encontrar de nuevo, momentáneamente oculto pero elocuente por
esa misma ausencia, el lenguaje de la ideología. El carácter paródico de la obra la despoja de su aparente espontaneidad, de
la supuesta naturalidad de sus enlaces. Por lo tanto el texto,
más que una reproducción de la realidad, permite la "contestación" del lenguaje y, más que imitar, deforma.

De acuerdo con lo propuesto hasta ahora, *Ema, la cautiva*
sentó un precedente en mi lectura de *La liebre*. En este caso,
establecí un pacto singular entre los siglos XIX y XX al adoptar
el modo de lectura sesgada, según la cual Jorge Luis Borges revisa las categorías de espacio y tiempo. En su notable ensayo
"Kafka y sus precursores" especula sobre la genealogía de la
textualidad, donde en los textos del presente reaparecen, modificadas, las condiciones del pasado o bien tales producciones
prevén sus posibilidades de transformación en los juegos de
proyecciones futuras. De esta manera, la perspectiva borgeana
está lejos de determinar la condición de la lectura que va a permitir la manifestación de una respuesta prevista por parte de
los escritores "descendientes". En la conjetura borgeana se ci-

fra el síntoma que provoca inagotables reescrituras, ya no sobre un fondo estable de permanencias sino más bien sobre la potencia del desvío que altera los nexos temporales y causales.[3]

Así como una diversidad irreductible de textos define la idiosincrasia de Franz Kafka (la paradoja de Zenón, algunos escritos de Sören Kierkegaard, algún poema de Robert Browning), Aira permite entrever y desplazar los rasgos de una cepa impura, en la que se pueden advertir los paradójicos efectos que los "epígonos" generan en la constitución de una equívoca heráldica. En este sentido, el concepto de *frontera* inscribe el lugar de la polémica que trama e invierte las prefiguraciones ancestrales. A partir de Aira y no al revés nos preguntamos por el espacio discursivo de la historia en la escritura de *Una excursión a los indios ranqueles*, de Lucio V. Mansilla. Desde este punto de vista, la noción de *frontera* no indica tan sólo el tópico del desierto; más allá de esto implica la clave de la relación entre la ficción y lo real. Si De Certeau asume su definición como *cesura* o *diferencia*, las teorizaciones de Frederic Jameson también sintonizan la noción de frontera con una idea de texto que, como acto simbólico, opera una transformación del mundo; así coloca la historia en el lugar de la *causa ausente* donde lo real inaccesible queda reservado a la narrativización del inconsciente político.[4] Sea como categoría teórica o como metáfora del sujeto, la frontera hace permeable las relaciones entre el espacio de lo verbal y lo real, constituyéndose como zona de pasaje entre la escritura del yo y el orden imaginario de los hechos. En Mansilla advertí los lábiles itinerarios de los registros discursivos expandiéndose en el flujo incesante de la narratividad: novela, historia, autobiografía, ensayo. Aquí también el narrador fluctúa entre el tiempo idílico de la in-

---

3. Véase Jorge Luis Borges, "Kafka y sus precursores", en *Otras inquisiciones*, Buenos Aires, Emecé, 1986.

4. Véanse Michel de Certeau, *La escritura de la historia* (México, Universidad Iberoamericana, 1993) y Frederic Jameson, *Documentos de cultura, documentos de barbarie* (Madrid, Visor, 1989).

.

fancia y el presente hostil a Juan Manuel de Rosas, entre la moda europea y la gestualidad del *spleen* teatralizada en el desierto; pero la frontera alcanza su figuración también en la traducción entre las lenguas ranquelina y española y en la profusión exhibicionista de los juegos con el francés y el inglés.

A partir de aquí se profundiza la hipótesis cuyo núcleo se condensa en el motivo del viaje, los operadores de la repetición y el desplazamiento en torno del lenguaje y la configuración de lo real. En este sentido, se han sostenido desde el proceso de la escritura las cuestiones involucradas con la traducción como modo de captar el mundo y, relacionada con esto, la refiguración de los códigos lógicos y culturales. A su vez, situé este problema en función de la subjetividad como transformación constante de sus pertenencias y zonas de exclusión, o la conciencia amenazada por las insidias de la alteridad. El motivo del viaje descansa entonces sobre los efectos que en mi lectura genera su operatividad, signando el transcurso de una lectura cuyas instancias itinerantes lo marcan no tan sólo como "referente" (literatura de viajes) sino como modo de leer la cronotopía de la escritura.

El entenado de Saer repone, en este sentido, el estatuto ambiguo de la palabra narrativa, la región extraña donde la escritura zozobra y el recuerdo no cesa de naufragar. Aun desde los tópicos de la Conquista, la historia que el narrador "transmite" ofrece enigmas pero no héroes. De este modo, la narración comienza cuando quien cuenta empieza a olvidar, cuando los contornos de la experiencia pierden la nitidez del calendario cotidiano y se alejan del amparo sucesivo que prestan los días comunes. Así, la infancia atisbada en la distancia de los recuerdos primitivos absorbe al narrador personaje en una temporalidad retroactiva y vacilante, más cerca del deseo de saber que de la certeza de los grandes sucesos históricos. Al tiempo que el narrador rememora, su escritura borra las marcas indelebles, definitivas, de la condición imaginaria de la memoria. Aquí, el sujeto de enunciación sella un pacto con una trampa: su escritura de bitácora no escapa al silencio, no puede inscribir los aciertos ni los desaciertos porque pierde el ancla que lo protegía del fondo de la vanidad.

LAS RUTAS DEL SENTIDO EN *LA LIEBRE*. CONTINUIDAD Y ACONTECER

> *Son los acontecimientos los que hacen*
> *posible al lenguaje donde debe darse todo*
> *simultáneamente, de un solo golpe.*
> GILLES DELEUZE, *Lógica del sentido*

La alianza entre los actos de caminar y escribir forma para Michel de Certeau una operación conjunta que se impone como trabajo por la fuerza del deseo.[1] Esta hipótesis sirve como punto de partida para pensar ciertas claves que diseñan un mapa de poéticas o para transitar un recorrido crítico a través de algunos textos en la literatura argentina. Como disparador de una serie de cuestiones comunes a las obras centrales de este trabajo, el motivo del viaje condensa ciertos operadores de significación en torno de la repetición y del desplazamiento, trazando distintas escenas y figuras que problematizan las nociones del lenguaje y lo real.

1. Tomando como punto de partida a Jules Michelet, De Certeau establece una relación con el pasado y los muertos mediante los actos –literales o figurados– de caminar y escribir. Si la historiografía (es decir, "historia" y "escritura") lleva inscripta en su nombre propio la paradoja –o casi el oxímoron– de la relación entre dos términos antinómicos como lo real y el discurso, el trabajo que supone su condición epistémica construye la alianza entre el lenguaje y la otredad desde la transformación de los términos hermenéuticos: de la lectura y la interpretación por los de acto y fabricación. Este nuevo examen asume una operatividad historiográfica que desemboca en cuestiones metodológicas y de enfoques (socioepistemológico, semiótico, psicoanalítico), pero también absorbe el espacio ajeno de los fantasmas y ausencias convertidos en blasón de un sistema productivo. Se

Si nos detenemos ahora en la novela de Aira, es posible
advertir que la escritura genera una concepción del tiempo
como retorno hecho de recorridos simultáneos, de singularidades precipitadas y suspendidas o de trayectos de reversos,
pasajes y espejismos. Por un lado, entonces, el desierto atravesado por viajeros ingleses y criollos es un conjunto de manifestaciones y, como tales, las cosas son singularidades de
acuerdo con el desplazamiento y la transformación de unas
en otras y también con el recorrido de un espacio que cambia en la medida en que opera sobre ellas una constante redistribución, marcando inflexiones y zonas o puntos de condensación. Avatares parecidos a la felicidad y la melancolía,
desde cada personaje (por nombrar sólo una serie de instan-

---

entiende así que las investigaciones del teórico francés encuentren
en el fragmento su condición y resultado y, asimismo, al rehusar a
la ficción de un metalenguaje que unifique el todo, dejen aparecer el
límite en tanto falta de lo "real" que están tratando. El "otro", la carencia buscada de la historiografía, envuelve en el "sentido" la alteridad signando el comienzo de la historia moderna occidental como
la diferencia entre el pasado y el presente mediante el extraño procedimiento que impone la muerte, cuyo lugar prueba la comprensión del pasado. En su forma más elemental del gesto simbólico, la
escritura implica así construir una frase recorriendo un espacio en
blanco: la página. Y como impulsado a andar tras lo real, el histo-
riógrafo plantea las cuestiones nodales de la escritura por las ficciones que construye alrededor de aquello y mantiene como límite esa
suerte de "laguna" infranqueable en el deseo de escribir siempre
más, apoyándose en ese "otro" que constituye su comienzo o su *ar-
ché*. De Certeau marca así el curso sesgado de una escritura ar-
queológica. Al mismo tiempo, es posible admitir una suerte de relación parental entre algunos conceptos de Frederic Jameson, como
el uso epistemológico con el que renueva las nociones de alegoría y
reescritura, presentándolas sea como mecanismos de sentidos aleatorios o como una estructura representacional e ideológica que concibe el imaginario de realidades transpersonales. Basándose en la
fórmula de Louis Althusser de la historia como causa ausente, Jameson recupera la concepción de lo real inaccesible por el aborda-
miento textual y su narrativización en el inconsciente político. Véanse Michel de Certeau, *La escritura de la historia*, y Frederic Jameson, ob. cit.

cias operadoras en la escritura), con avances y retrocesos, forman una historia. Pero la estructura urdida en la trama textual constituye varias series divergentes y vecinas en algún lugar aunque siempre por desaparecer, desdoblarse o cambiar de función. Tal es lo que ocurre con la serie de relatos o versiones que subsumen los objetos de búsqueda, pérdidas y hallazgos tan diferidos como fortuitos. La Viuda de Rondeau –cuyo nombre es también Rossana– encarna la eterna amada de Clarke, reuniendo en sí misma el pasado y el porvenir. Clarke, con sus peregrinaciones de naturalista –falsa caución de origen–, es a la vez heredero y fundador de un linaje doble e incompatible en sus escalas adoptivas y vernáculas: el científico inglés es a la vez hijo de Cafulcurá y padre de Carlos Álzaga Prior en una genealogía donde el resultado signa el revés de la descendencia y la causalidad. Si Clarke "termina" siendo el hijo furtivo del legendario cacique, el desenlace, lejos de clausurar una búsqueda, deja abierto el vacío inicial, el robo y la huida que no promete sino los derroteros fallidos, los errores librados a la clave del azar. Ambas estirpes son, entonces, puntos de "ebullición" en una cadena que comunica las diversas instancias de un solo acontecimiento, una suerte de paradójica "inmovilidad móvil": el viaje. Por lo tanto, quizá sea más oportuno pensar en el *acontecimiento* que en lo real, lo que hace surgir a través de Clarke, Gauna y Carlos una manifestación concreta y poética del ser a modo de tres puntos en una misma línea que avanza y retrocede impasible entre el futuro y el pasado. Los tres personajes se constituyen como actores cuya representación está muy lejos de padecer los atrasos, los recuerdos o de interpretar la moral de la culpa o la condena. Porque si algo efectúa la separación entre Juana Pitiley (la esposa de Cafulcurá) y sus gemelos, no es la herida ni el reproche sino la fuerza vital que sabe leer, con toda naturalidad, las señales de la espera, el instante que tensa la transmutación de todos los rostros y los nombres para aspirarlos todos en una sola neutralidad incorporal. Tal es el esplendor poético e impersonal de las máscaras que se reflejan unas en otras más allá de las determinaciones de lo general (del sentido previsible y adecuado a las estructuras lógicas, a la coherencia de las percepciones) y lo particular (los rasgos discriminados y privati-

vos de cada individualidad). Así, encuentros y separaciones,
muerte y guerra, son las diversas manifestaciones de lo que
sucede o, en otros términos, de lo accidental a partir de lo
cual es posible advertir la trama secreta del verdadero acontecimiento impersonal, ése que ya no conserva la profundidad física de las cosas sino la plenitud leve, el contorno y esplendor de las superficies. Si en cada nombre se efectúa el
acontecer, si en el estallido que evita las limitaciones de un
determinado estado de cosas se esquiva el presente por el
instante móvil que lo representa, el sentido toma la forma de
esas relaciones extremas, infinitivas y preindividuales. En
cierto modo, la lluvia y la muerte del rito bélico, aquella conspiración urdida entre las confederaciones tribales (sobre lo
cual volveremos más adelante), despersonaliza desconociendo los nexos lógicos entre medios y fines, entre causas y efectos. Y es así como en este contexto los personajes llegan a
superar su forma estrecha para lograr una suerte de comunicación universal, ser parte soslayada del todo, una gran
síntesis con los riesgos que implican las disyunciones porque
Clarke, Gauna y Carlos están, de algún modo, cada uno in-
jertado en el otro. Así, el no saber de cada uno proyecta distancias especulares, cuya resonancia unívoca los funde en
una especie de reciprocidad inmemorial, porque las fronteras
que separan los hace converger en un destello común, en un
pozo de tiempos simultáneos. Por lo tanto, si hablamos de lo
real es preciso pensarlo como cruce e inmediación de objetos
que se deshacen en cuanto aparecen o, al menos, abando-
nan su forma originaria.[2] Entonces, el viaje se vuelve trans-

2. En su lectura de Nietzsche, Deleuze realiza una suspensión de la
ética como un modo de oponer –y privilegiar– la repetición a la ley
moral, la cual proviene de las mediaciones (por parte de pensadores
y profesores "públicos") y de la generalidad de los conceptos. Para
Deleuze la forma de la repetición en el eterno retorno es la forma
brutal de lo inmediato, la de lo universal y lo singular reunidos que
destrona toda ley general y hace fundirse a las mediaciones. Pero
otro de los pensadores con los que construye su blanco de ataque en
Hegel es Sören Kierkegaard, a partir de quien vislumbra en aquél la
permanencia en el falso movimiento, en el movimiento lógico abstracto, es decir, la mediación propiamente dicha. Así, tanto Nietzsche

formación de posiciones, mutando la función específica de roles por "cosas". La cosa es itinerante en la medida en que se permuta y se desdobla en un acto que celebra el aconte-

---

como Kierkegaard quieren poner la metafísica en movimiento, en actividad, haciéndola pasar a los actos inmediatos. Por lo tanto, no les basta con proponer una nueva representación del movimiento porque la representación es ya mediación. De lo que se trata, en las lecturas que Gilles Deleuze realiza, es de la búsqueda de un modo de conmover el espíritu haciendo de su movimiento una obra sin interposición, inventando "vibraciones, saltos, rotaciones, giros, danzas, gravitaciones" que lo alcancen directamente. Ahora, en su lectura de Freud, establece una relación entre la repetición y sus disfraces, los cuales en la elaboración del sueño o de los síntomas –condensación, desplazamiento y dramatización– indican una elaboración del papel a través de papeles detentados por otros siempre sostenidos por la repetición. Para entender el concepto de in-mediación es de suma importancia tener en cuenta que los disfraces y las variantes, las máscaras o los travestimientos, no ocurren como "por encima" sino que constituyen elementos genéticos internos de la repetición misma. Formándose de máscara en máscara, la repetición es lo que se disfraza al constituirse, no recubriendo nada y destituyendo la idea de un primer término que se repita. Por ello, la repetición es simbólica y el simulacro es su propia letra a la vez que comprende en sí misma a la diferencia. Desde este punto de vista, si las variantes no provienen del exterior ni hay, en el orden dinámico, ni conceptos representativos ni figuras representadas en un espacio preexistente, la diferencia encuentra un concepto efectivamente real en la medida en que designa catástrofes, concebidas por la proposición ontológica del ser unívoco. Esto no implica que el ser se diga en un solo y único sentido, sino que el ser es el mismo para todas las modalidades aunque éstas no sean las mismas, porque al ser le pertenece referirse a todas las diferencias individuantes sin que éstas modifiquen su esencia. Pero también le pertenece la distribución nomádica, distinguiéndose así de los principios de repartición que proceden mediante determinaciones fijas y proporcionales. El ser unívoco se refiere de manera esencial e inmediata a factores individuantes, los cuales no son entendidos por Deleuze como individuos constituidos en la experiencia; Deleuze ve lo que actúa en ellos como principio plástico, anárquico y nómada, contemporáneo del proceso de individuación capaz de constituir y disolver a los individuos. La univocidad del ser, en tanto se refiere de manera inmediata a la diferencia individuante, precede en el ser a las diferencias genéricas, específicas y hasta individuales. Gilles Deleuze, *Diferencia y repetición*, Madrid, Júcar, 1988.

cer de la paradoja y la simultaneidad.[3] Por un lado, cubre los
efectos del desplazamiento como extensión, despliegue o espacio susceptible de ser recorrido, explorado. Pero, por otro
lado, opera como simulacro activo que atraviesa un trayecto
desde un conjunto de disfraces y máscaras. Si en Aira se
quiebra la disposición causal es porque el sujeto del viaje se
propaga como diferencia enmascarada, como disfraz de repetición donde lo otro deviene de lo mismo. En otros términos,
lo mismo retorna como alteridad, como juego de los extremos.[4] La lógica que da cuenta de los movimientos inmedia-

3. No es adecuado hablar de la simultaneidad independientemente
del devenir, puesto que éste es su atributo, cuya propiedad es esquivar el presente, liquidando la posibilidad de distinguir entre el antes
y el después, entre el pasado y el futuro. Si bien para Deleuze en todas las cosas hay un sentido determinable, la esencia del devenir es
la simultaneidad, la paradoja que afirma los dos sentidos a la vez, lo
cual constituye una categoría fundamental para esta concepción filosófica: la de los acontecimientos. En esta red de nociones donde se
invalida el reposo, la parada y la permanencia, el acontecimiento con
la serie de paradojas que le es inherente, forma la teoría del sentido
donde las claves, los códigos, las historias y los lugares constituyen
los infinitos enlaces entre el lenguaje y el inconsciente. De este modo, el puro devenir, lo ilimitado, es la materia del simulacro en tanto
esquiva la acción de la Idea platónica e impugna la identidad personal, el nombre propio, con la aventura repetida de los trastocamien-
tos infinitos. "Trastocamiento del crecer y empequeñecer: «¿en qué
sentido, en qué sentido?», pregunta Alicia, presintiendo que es siempre en los dos sentidos a la vez, hasta el punto de que por una vez
permanece igual, por un efecto óptico. [...] De lo activo y lo pasivo:
«¿se comen los gatos a los murciélagos?», equivale a «¿se comen los
murciélagos a los gatos?». De la causa y el efecto: ser castigado antes
de haber cometido una falta, gritar antes de haberse pinchado, volver a partir antes de haber partido por primera vez", Gilles Deleuze,
Lógica del sentido, Barcelona, Paidós, 1989. Asimismo, la repetición
no significa "una vez más" sino el infinito, que se dice de una sola vez,
la eternidad que se dice de un solo instante, el inconsciente que se
dice de la conciencia. Véase G. Deleuze, *Diferencia y repetición*.

4. La ontología deleuzeana asume la repartición de las cosas en el
ser unívoco, y no un ser repartido según las exigencias de la representación. Tal distribución "delirante" está ligada al carácter demo-

tos convierte a la liebre en leyenda naturalista, animal ras-
treado o poema de dinastías cruzadas, en una genealogía del
sentido donde los relatos y las sorpresas disparan un devenir
paradójico que saquea la herencia cultural. Si advertimos que
se soslaya una concepción del sentido, es necesario observar
que se trata de una concepción de la literatura. Así, la escritura en César Aira funciona como trasvasamiento de los límites que impone la moral de la lectura, en tanto rito que pone
en escena la ley encubierta de las deudas y las influencias.
En parte, al modo de Witold Gombrowicz, sus textos dan
cuenta de una manera de colocarse en la tradición alternando la risa, el sarcasmo, el cinismo o el divertimento.[5] Puede
mezclar los materiales según los ritmos de una mirada "ino-

---

níaco más que al divino, dado que la particularidad de los demonios
es operar entre los campos de acción de los dioses, "así como saltar
por encima de las barreras o de los cercados". El salto revela, así,
las perturbaciones traumáticas que las distribuciones nómadas in-
troducen en las estructuras de la representación. De acuerdo con
esta concepción, el límite ya no designa lo que mantiene a la cosa
bajo una ley ni lo que termina o separa sino aquello a partir de lo
cual se despliega toda su potencia. Con la noción de *hybris* Deleuze
vislumbra el acontecer de lo más pequeño haciéndose igual a lo más
grande, desde el instante en el que quedan abolidas las separaciones. Si esta medida ontológica envuelve todas las cosas –incluyen-
do la sustancia, la cualidad, la cantidad–, está estrechamente pró-
xima a la desmesura y a la anarquía de los seres y destituye la jerarquía primera que asigna al Todo o a lo Mismo la identidad previa
en general. Es así como sólo retornan las formas extremas –las que
pequeñas o grandes se despliegan hasta el límite y llevan hasta el
fin su potencia transformándose y pasándose de unas a otras–. Sólo retorna lo que es extremo, excesivo –y Nietzsche no quería decir
otra cosa–, "lo que pasa a otro y se hace idéntico", razón por la cual
el eterno retorno también se predica de las intensidades, cuyos factores móviles ya no se restringen a los individuos concretos sino que
expresan, por el contrario, el ser común de todas las metamorfosis.
G. Deleuze, *Diferencia y repetición*.

5. La ironía y el humor negro de Zaratustra oponen la repetición a
las generalidades del hábito y a las particularidades de la memoria.
Desde esta afirmación, es posible establecer una relación entre
Nietzsche y Gombrowicz sobre todo teniendo en cuenta la sofística

cente" o extrañada que desacomoda las procedencias legíti-
mas de las figuras textuales. Pero también pervierte los usos
que la tradición literaria configuró en torno de la serie nacional y la extranjera. En este sentido, es pertinente lo que Graciela Montaldo señalaba respecto de *El bautismo* como nove-

---

vital que el primero desarrolla para profanar las costumbres estableci-
das y ostentar una repugnancia abierta a los hábitos encadenantes de
la moral general admitida. Pero si los caprichos, blasfemias y hostili-
dades alcanzan la mirada solitaria que desliza el anhelo por la lejanía,
Nietzsche realiza la transmutación de los valores superando la mera
contraposición de los principios. La belleza aparente se agota y estre-
mece por la lacerante tensión de las formas, por la alianza fraternal y
básica entre la medida y la individuación y lo informe, lo frenético, lo
cruel y la embriaguez. De esa implicación mutua procede la repetición
que reabsorbe y subsume la risa primordial de las réplicas cósmicas
por las que Apolo habla el lenguaje de Dionisos y la mirada jánica se
vuelve hacia atrás y hacia adelante para desenmascarar el resentimiento y la humillación contenidos en la religión y la cultura. En el
desprecio cruel por el rebaño alienta la destrucción intempestiva de las
costumbres, vaciando el horizonte humano de sus embustes corales
en favor de la voz solitaria y superior. Y en la polaridad unívoca del
mundo, Nietzsche prefigura su concepción fundamental del juego situando en la grandiosa metáfora cósmica la simultaneidad de lo uno y
de lo múltiple. "Un devenir y un perecer, un construir y un destruir sin
ninguna responsabilidad moral, con una inocencia eternamente igual
la tienen en este mundo sólo el juego del artista y el juego del niño. Y
así como juegan el niño y el artista, así juega también el fuego eternamente vivo, así destruye y construye inocentemente." Perseguidor de
sendas múltiples, el "espíritu libre" de Nietzsche percibe la disonancia
de la humanidad haciendo suyo el carácter experimentador, viajero y
audaz que los signos de interrogación siembran a lo largo de la vida.
Véase Eugen Fink, *La filosofía de Nietzsche* (Madrid, Alianza, 1980);
Friedrich Nietzsche, *Genealogía de la moral* (Madrid, Alianza, 1994) y
El viajero y su sombra (México, Editores Mexicanos Unidos, 1994). Decir que la obra de Gombrowicz asume un culto por la realidad es aceptar su dimisión de cualquier intento anquilosado de clasificar los libres
caminos de la forma. Con una aptitud camaleónica para el modelado
indefinido, semejante a las "figurillas de gutapercha", su imagen de
autor se construye en la obra, la que a su vez se convierte en el propio yo, algo arrastrado al fárrago del grotesco demencial. Si, al decir
de Gombrowicz, el arte nace de las contradicciones, las antinomias de

la rural: el campo, la pampa o el desierto –al igual que en *La liebre*– no reconocen el predominio del silencio o del vacío en tanto artificio de una esencia.[6] En Aira ruedan personajes, co-

---

realidad-irrealidad, inferioridad-superioridad, amo-criado, escalonan una alquimia secreta y liberadora en el culto del absurdo, en el torbellino intenso y vital de un artista comprometido con la dialéctica de la provocación. Las tensiones y los encantos frente a los hechizos crueles por la muerte y el azar sólo admiten un modo de traducir las tensiones artísticas: la autenticidad. Es, entonces, la experiencia inmediata, directa, de una explosión común entre la "Discordancia, lo Informe y la Disolución", el choque entre formas inconciliables que niega el acceso a una fórmula de interpretación. Si es posible dotar de alguna dirección o sentido a Gombrowicz, la escritura cifrada es una clave que permite instrumentar la estrategia conspiradora, los atajos del complot criminal que vislumbra la moral del artista, una necesidad impostergable más allá del bien y del mal. Así, los personajes se convierten en directores de escena y asesinos que hacen de sus actos juegos y peripecias del goce estético, condimentos sin razón aparente, allí donde tan sólo el dinamismo creador y la imaginación abren innumerables aventuras de la Forma (un dedo dentro de la boca del ahorcado, con el sabor a sangre de un joven muerto). La serie de situaciones inconexas y embrionarias que escanden el ritmo del todo constituye además el conjunto de una obra a la cual Witold está dispuesto a admitir como continua pero, sobre todo, como la afirmación de una personalidad en el deslizamiento sobre los estragos de lo abyecto y lo anormal. En el fondo, se trata de la defensa de una concepción personal y literaria del arte como parodia. Así como entiende la lógica del despropósito como parodia del sentido, el estilo sondea las posibilidades de hacer arte a partir del juego de imitación –una y otra vez la repetición–. Entonces dirá "el arte juega al arte", donde la parodia va a arrancar a la forma de su gravedad, permitiendo transitar por los caminos de la patología, el curso opaco y tumultuoso de una Forma siempre renovada y renuente a aceptar divisiones entre teoría y práctica. Véase Witold Gombrowicz, *Transatlántico* (Barcelona, Anagrama,1986); *Ferdydurke* (Buenos Aires, Sudamericana, 1983), y W. Gombrowicz y Dominique de Roux, *Lo humano en busca de lo humano* (México, Siglo Veintiuno, 1970).

6. Graciela Montaldo reconstruye un itinerario posible de la literatura argentina desde la huella que dejan en algunos textos las ficciones rurales y a partir de este aspecto le da forma a un problema: el de la modernidad cultural vinculada con la tradición. A la pregunta acerca del recorte y la selección de las figuraciones con las que la

sas, objetos o palabras como por encima de un tablero lúdico. O diríamos mejor: es ese deslizamiento vertiginoso el que
constituye o genera los territorios de encuentros inesperados
y delirantes. Ese ritmo de acontecer es el que gradúa la temporalidad de la trama, en tanto manifestaciones de episodios
repentinos y desmesurados; es aquí donde la intensidad no
mide la lentitud de la demora sino que provoca los desfases
de una acumulación exorbitada.

El motivo del viaje genera entonces un conjunto de funciones productivas porque no sólo es el pretexto en torno del
cual se genera la narración sino que también asume un modo de torcer las líneas de filiación literaria. Frente al mito ba-
bélico que figura las claves secretas del lenguaje y lo real,
frente a la cifra cósmica disimulada en los jirones de las len-

---

literatura trabaja, la respuesta sobre el residuo rural en la cultura
letrada parece sedimentar una presencia que en el siglo XX, lejos de
reivindicar posturas pintoresquistas o testimoniales, nuclea una
mirada innovadora y el planteo de un enigma. Así, el siglo XX revisa el corte en la literatura argentina operado por el siglo XIX con la
gauchesca, perspectiva crítica que Montaldo adopta como desplazamiento de los bordes de un género, cuestión que le permite a la
vez la operación de una relectura que sabe recolocar sus fragmentos fuera del "museo". Montaldo repone el flujo de tensiones donde
se pliegan los mitos culturales, la totalidad de niveles de la práctica social y cultural, que no sólo involucra lo rural sino el sistema
de citas letrado, cosmopolita, sustentado en una oralidad ausente
o en las contaminaciones mutuas entre la elite urbana y lo popular. Más o menos en sus términos, la consolidación de una cultura
urbana, despegada desde la instauración del proyecto político de la
generación del 80, deja asomar los restos de una pampa que rear-
ma la genealogía del presente a cuya luz la cultura urbana y cosmopolita ya no queda como la esfera inmutable y, al contrario, permite la reaparición de su condición de los impactos sucesivos que,
al entender de Montaldo, son motivados por la constitución del Estado en el 80. Así, en el proceso de transformaciones van tomando
cuerpo textos que, como los de César Aira, constituyen un punto
de llegada para abrir las fisuras y contrapesar los efectos de un pasaje y una herencia cultural. Véase Graciela Montaldo, *De pronto,
el campo*, Rosario, Beatriz Viterbo, 1993.

guas, *La liebre* diseña una cartografía del azar a través de la cual el sentido brota como genealogía de la repetición.[7]

La propiedad que define las direcciones emprendidas por Clarke, el expedicionario inglés cuñado de Charles Darwin, es la proliferación hacia una frontera de superficie donde gauchos, pintores, vorogas y huiliches vociferan, parlotean o bien dialogan haciendo del desierto el escenario sobre el cual los saltos, la destreza y el malentendido son el simulacro de la guerra tribal. No hay profundidad y eso es lo que le permi-

7. Con las reflexiones de George Steiner podemos incursionar en el problema filosófico del lenguaje y lo real. La tradición occidental privilegia la palabra, aquello que mediante el discurso puede decirse para ordenar la realidad bajo el régimen del lenguaje, en tanto concepción del pensamiento griego heredada por el judaísmo y el cristianismo. No obstante, esta visión se patentiza tanto en la mitología hebrea como en la clásica mediante las huellas de un terror primitivo. Así, por ejemplo, en la advertencia que plasma Sócrates en el *Cratilo* respecto del enigma sobre la relación entre la palabra y el hombre, si bien suscita liberación, "milagro y sacramento", o una singular eminencia del hombre sobre "el silencio de la planta o el gruñido del animal", también surge como blasfemia, como escándalo y castigo. Steiner recurre en la mayoría de sus estudios a los cuadros mitológicos; la torre interrumpida de Babel y su consecuencia de la proliferación de lenguas, Orfeo lapidado, el profeta cegado cuya visión física es sustituida por una visión interior, o la transgresión de Tántalo al logos divino. Es en los poetas donde los dioses encuentran a sus rivales, porque ellos saben guardar y multiplicar la fuerza del habla, aunque tampoco puedan evitar la inefable venganza por su acto sacrílego. La poesía halla las limitaciones necesarias de la palabra humana y le confiere a su hacedor el atisbo de las consecuencias que guarda una búsqueda excesiva. Mientras, el mutismo del poeta se convierte en el refugio de una revelación inmediata, abrumadora e inexpresable hasta que los esfuerzos de la traducción ceden ante los acordes del silencio. Por una reevaluación del silencio y las fronteras del lenguaje, el espíritu moderno, desde Ludwig Wittgenstein, John Cage, Samuel Beckett, Franz Kafka y Jorge L. Borges, experimenta su carácter opaco y refractario asumiendo con Stéphane Mallarmé la posibilidad e imposibilidad de la traducción, dado que las lenguas han perdido la raíz común del lenguaje puro. Véase George Steiner, *Lenguaje y silencio* (Barcelona, Gedisa, 1990), y *Después de Babel* (México, FCE, 1995). Véase también G. Deleuze, *Diferencia y repetición*.

te a Equimoxis describir el desierto como exento de interior
y de exterior, de derecho o de revés, lugar de borde o límite
que potencia la aventura y el desliz sin espesor.[8] La mención
de Swift por Carlos Álzaga Prior sitúa la novela en un siste-

8. Foucault y Deleuze abordan la noción de superficie, orientados a
destituir los viejos mitos de la profundidad. El primero, en su brillante libro *Raymond Roussel* (Madrid, Siglo Veintiuno, 1992) dirige su
atención al lenguaje doble y ambiguo del escritor que constituye su objeto, cuya "dobladura" por procedimientos y rimas evidencia la superposición del lenguaje sobre sí mismo, la fuga de la voz y la bifurcación
de la lengua; esto se efectúa de modo paralelo a uno de sus personajes, Ludovic, quien luego de varios años logra "escindir sus labios y su
lengua en porciones independientes entre sí y articular sin dificultad,
al mismo tiempo, diversas partes entremezcladas que diferían en la en-
tonación y las palabras; ahora la mitad izquierda se movía enteramen-
te, descubriendo los dientes, sin arrastrar en sus ondulaciones a la región derecha, que permanecía cerrada e impasible". Asimismo, Foucault cita el ardid de otro sistema de doble entrada que, activado como dos pistas que son la misma, facilita el avance por el camino que
conduce al tesoro final de la obra cuyos umbrales y aperturas dan con
un solo movimiento. En este punto detecta el sello paradójico de un secreto que termina por revelarse y de aquello que permaneciendo lejos
del develamiento constituye el interrogante desamparado por algún
punto de referencia: el no-secreto. Aquello sobre lo que Foucault pone
énfasis es el parentesco esencial entre el develamiento y su sombra,
allí donde lo visible y lo invisible forman un mismo tejido que impide
hablar de uno o de otro tan sólo a partir de sí mismos. En este sentido, el teatro mudo y azaroso de Roussel presenta las cosas y objetos,
gestos y siluetas, y las atraviesa con un lenguaje expansivo que desborda cualquier posible reticencia, mostrando –o construyendo– una
visibilidad que no está dada a la mirada, como sucede con la descripción de "lo que se ve" en la etiqueta rosada de la botella de agua. Lo
que se dice sobre la mujer alta y fría desplaza la mirada a otra escala
puesto que intervienen otros puntos de vista y comenzamos a enterar-
nos de detalles sobre su carácter y tendencias íntimas. Se entiende así
la destrucción sistemática que Roussel emprende contra las proporciones y las perspectivas. Gilles Deleuze, por su parte, piensa la superficie ligada al concepto de frontera, en tanto operación que, inaugurada
por los estoicos y llevada al máximo esplendor por Lewis Carroll, es
asumida como instrumento de análisis del lenguaje y los acontecimientos coextensivos al devenir. Si lo propio del lenguaje es establecer

ma de citas pero, también, inscribe las figuras y posiciones en una suerte de película o tablero que prescinde del volumen. Si Cafulcurá representa ciertas connotaciones o referencias históricas, en la novela su imagen es refractada por los puntos divergentes o las zonas equidistantes, y el espacio es planificado según los avatares de los derroteros emprendidos. Swift y su traducción originan en Clarke y Carlos algunas inferencias sobre el continuo, provocando en ellos una rendición de cuentas frente al espacio que no sólo facilita y complace sino que solicita las inversiones comparativas más extravagantes. Así, la categórica aserción que Clarke establece sobre los parecidos entre la pampa y Londres, Buenos Aires y Kent, suscita en Carlos la oportuna ocurrencia que, en definitiva, no hace más que realizar la sentencia de Juana Pitiley: los caminos de la fábula son los más reales. Aunque Carlos advierta el peligro que guardan las traducciones, él puede preservar la concepción singular de Swift como aquello que "pasa a través de todos los idiomas" y puede también colocar a Clarke en la posición de aquel protagonista, reconociéndole no sólo la disponibilidad de pasar del derecho al revés sino también la virtualidad inherente a una sospecha: en Swift conviven mundos infinitamente pequeños e infinitamente grandes. En esta contingencia de azar y casualidad la

---

límites para sobrepasarlos y desplazar su extensión, el devenir es a su vez coextensivo al lenguaje y hace de la paradoja la destitución de la profundidad, exposición de los acontecimientos en la superficie para mostrar el despliegue del lenguaje a lo largo de este límite. Se diría así que la antigua profundidad se ha desplegado, se ha convertido en anchura, porque los acontecimientos son como los cristales, ocurren y crecen por los bordes, pasándose al otro lado por deslizarse. Esto es lo que quiere decir cuando cita la sentencia de Crisipo: "Si dices algo, esto pasa por la boca; dices *un carro*, luego un carro pasa por tu boca", lo cual indica que por la paradoja, todo ocurre en la frontera, entre las cosas y las proposiciones. Pero para Deleuze, además, este descubrimiento de la superficie forma una constante de la literatura moderna, pasando por Paul Valéry, a propósito de quien menciona su frase "lo más profundo es la piel", hasta Alain Robbe-Grillet y Pierre Klossowski. Véase Gilles Deleuze, *Lógica del sentido*.

"identidad personal" de Clarke se disuelve y se trastoca, al
compás de un lenguaje que parece interrumpirse para tomar
el relente de los diálogos zurcidos en un punto cualquiera de
una cadena inacabada de palabras. Clarke avanza en un en-
trevero de historias, de linajes y saberes; sin embargo, va a regresar al punto donde el retorno lo devuelve como alteridad.[9]
Las fábulas y leyendas confunden, involucran, con equívocos
a cosas y personajes y urden una serie de rumores cuyos ruidos van a arrastrar todas las piezas del juego hacia un pasado desalojado de las determinaciones y reglas preexistentes.
Tal como lo explica Juana, la esposa de Cafulcurá, el encuentro con su hijo Clarke es producto de una falla de cálculo, de

9. Cuando en *Ecce homo* Nietzsche dice: "No conozco ningún otro modo de tratar con tareas grandes que el juego: éste es, como indicio de
la grandeza, un presupuesto esencial", concibe el ser y el devenir como juego y con el eterno retorno piensa el tiempo lúdico del mundo
que todo lo trae y todo lo elimina. Es Dionisos la cesura que señala un
corte en la historia universal por ser la vida misma bifronte, vida de
tremendos dolores y placeres, de construcción y destrucción, de abrigo y de intemperie. Al contrario del Crucificado, quien representa la
moral hostil a la vida, Dionisos configura el acontecer intramundano
como repetición, a partir de lo cual podemos pensar en el tiempo total y no como algo incompleto. Si esto entraña cierta concepción de
tiempo como futuro, de lo que está por llegar, el éxtasis dionisíaco del
hombre consiste también en la experiencia pánica que nos da a conocer la nulidad de todas las formas individualizadas, reintegrando lo
individual al acontecer lúdico de la individuación. Este colmo orgiástico –una y otra vez los extremos, lo excesivo– ya está expresado en
Heráclito, quien en sus herméticos fragmentos sentencia la unidad
del bien y del mal, la coincidencia entre el camino hacia lo alto y lo bajo. A Heráclito pertenece la expresión de que el tiempo es un niño que
juega a los dados y que la sabiduría, siendo una sola, está dada en conocer la razón por la cual todas las cosas son dirigidas por todas las
cosas, que se regulan o se dirigen entre sí. Para Heráclito, la suprema
armonía supone, como el arco y la lira, las tensiones opuestas, que lo
divergente esté de acuerdo consigo mismo. Asimismo, no admite sustancias incambiables: "No se puede sumergir dos veces en el mismo
río. Las cosas se dispersan y se reúnen de nuevo, se aproximan y se
alejan", porque todas las cosas están sometidas al devenir. Heráclito,
Fragmentos, Buenos Aires, Aguilar, 1977.

un error de previsión, lo cual hace que la casualidad impugne las regulaciones y el orden causal en favor de efectos que se manifiestan en movimientos inmediatos.[10]

10. El juego y el azar propuestos por Deleuze niegan las reglas precisas cuyo sentido y función garantizan previsibles efectos y consecuencias. Así, los principios inaplicables en apariencia que imagina para un juego puro develan la génesis de juegos cuyos modelos integran un nuevo orden remitiendo a la filosofía occidental, tal es el ejemplo que ofrece con el hombre que apuesta de Blas Pascal o el Dios que juega al ajedrez de Gottfried Leibniz. Deleuze dirá que son la contrapartida de la moral del bien o de lo mejor, de la economía de causas y efectos, medios y fines. Así, las "tiradas" deleuzeanas no dividen numéricamente el azar sino que, afirmándolo como un todo, lo ramifican en cada una de ellas; a ellas Deleuze atribuye una cualidad serial. Si todas las tiradas son las formas cualitativas de un solo y mismo tirar, un caos, cada tirada es un fragmento que opera una distribución de singularidades, una constelación y, aunque sucesivas unas respecto de otras, son simultáneas respecto de este punto que cambia siempre la regla y la coordinación. El punto aleatorio es el desplazamiento inagotable que comprende todas las series en un tiempo más grande que el máximo de tiempo continuo pensable. Porque hacer del azar un objeto total de afirmación implica reservarlo para el pensamiento y para el arte; por esto, más allá de las menciones a las partidas y certámenes que Carroll inventa, Deleuze habla de la realidad según Jorge Luis Borges, para quien el número de sorteos infinito intensifica el azar no a través de un tiempo infinito sino de un tiempo infinitamente subdivisible, que identifica con el Aión. Línea recta o forma vacía, tiempo de los acontecimientos-efectos, retrocede y avanza –otra vez la paradoja– en los dos sentidos a la vez, "objeto perpetuo de una doble pregunta: ¿qué va a ocurrir?, ¿qué acaba de ocurrir?". Es en este sentido como los acontecimientos son signos. Aión es juego, bisagra en dos mesas, la frontera de una línea recta única y sin espesor que ya no tiene nada que ver con la idea de ciclo sino con la superficie plana, impenetrable, cuyas ramificaciones emiten pliegues móviles permutables, que en Borges son las que niegan alguna decisión final o son la simultaneidad de varios destinos posibles. Gilles Deleuze, *Lógica del sentido*. Cito también mi trabajo donde abordo las operatorias de juego y azar en Aira, "Las cuentas del azar. Sobre César Aira", en *Escritura. Teoría y Crítica Literaria*, xix, agosto-septiembre de 1998.

Es en la víspera o en el intervalo de lo que fue y lo que será cuando Clarke asume la pérdida de un nombre propio al añadírsele uno nuevo, ya que a la estirpe naturalista vinculada con Darwin se le sobreimprime su propia historia de indios gemelos.[11] Entonces, si la procedencia naturalista funcionaba como caución de un saber, la nueva estirpe abre los resquicios de una garantía fallida desde una familia política (Darwin es un pariente casual) a una lógica que hace de la duda la estructura misma del acontecimiento. La incerti-

11. En Charles Darwin se unen la pasión del observador coleccionista de minerales e insectos y la del viajero heterodoxo vinculado con la ciencia experimental. Incorporado a la expedición del Beagle, el viaje que abarca de 1832 a 1836 influye en sus ideas acerca de la evolución y provoca sus consideraciones sobre el laboratorio de la naturaleza, que se volcarán en su diario de viaje. Si es explícita la subjetivación discursiva por cuanto la primera persona organiza la disposición de la escritura, los tramos del relato y la intervención de Charles Darwin como integrante de los eventos aludidos por la densidad de las descripciones –carácter geológico del continente americano, condiciones climáticas, características de los aborígenes– neutralizan el protagonismo del viajero. En su *Autobiografía* deja sentada su deuda con el viaje en lo que respecta a su formación mental y su posterior inclinación desde las tradiciones catastrofistas –según lo cual los procesos geológicos anteriores consisten primordialmente en inundaciones y volcanismos– a las concepciones uniformistas –que sostienen que el registro geológico es una acumulación de procesos ordinarios y observables ocurridos durante un período sumamente prolongado–. En este mismo texto confiesa su imposibilidad de "concebir el inmenso y maravilloso universo" donde el azar procura la materia prima pero no determina el proceso. Tal vez la confusa teología que lo hace reflexionar sobre los límites de las respuestas en la ciencia sea uno de los motivos por los que el capitán Fitz Roy –quien estuvo al mando del Beagle– le haya manifestado indignación por el poco ortodoxo libro *El origen de las especies*. De acuerdo con la ley de Darwin, la evolución actúa sobre plantas y animales a través de diferencias en su "éxito reproductivo", es decir, en el número de descendientes producido por cada individuo. El primer axioma es el crecimiento exponencial: en todas las criaturas existe una tendencia a reproducirse en progresión geométrica; el segundo es la variación existente entre los individuos y el tercero es el de la herencia, por la que todo ser vivo tiende a heredar los rasgos de sus progenitores, observaciones por las

dumbre de Clarke hace que su viaje avance hacia una acumulación de relatos, pero esas mismas etapas funcionan como escalones regresivos, negándole a su ciencia no sólo utilidad y valor empírico sino la posibilidad de restablecer la
calma reparadora del descanso. Lo que hace el saber es, más
bien, diluir los detenimientos que se enquistan en las nomi-
naciones, sustantivos, atributos y conceptos generalizado-
res. Las cosas son en la medida en que revisten la posibilidad de transmutarse y de llenar de instantes con apariciones
los casilleros vacíos, porque Cafulcurá como la Liebre (o como "La carta robada") están y aparecen "cuando menos se
los espera".[12] El alboroto que provoca la persecución de la
Liebre como emblema de la velocidad pone de manifiesto una
suerte de mundo miniaturizado en el que el tiempo en tanto

---

que concluye su argumentación con la transformación de la especie
conservada y fortalecida por algunos rasgos y por la eliminación de
otros. Son las leves modificaciones apenas perceptibles entre una generación y otra las que determinan la aparición de una nueva especie, las mismas que permanecen alejadas de la mirada atenta del observador. Charles Darwin, *Textos fundamentales*, Barcelona, Paidós,
1987. Quizá por mera coincidencia, cuando concluye el año (1831)
en el que Alexis de Tocqueville hubo emprendido su excursión a Mi-
chigan, Darwin se embarca como naturalista incorporado a la tripulación del Beagle hacia el Atlántico Sur. Esta determinación que el
capitán de la nave considera necesaria indica la continua contribu-
ción del Siglo de las Luces a la idea del viaje utilitario depositada en
la figura del naturalista que Darwin viene a representar. Pero ahora
con él se excede en complejidad y en funciones el registro de viajes
inaugurado por Saint-Pierre, resolviendo una modalidad de literatura de viajes por la combinación del discurso racionalista con ciertas
inflexiones del discurso romántico. Véase Adolfo Prieto, *Los viajeros
ingleses y la emergencia de la literatura argentina*, Buenos Aires, Sudamericana, 1996.

12. "Si el significante es unidad por ser único, siendo símbolo de
una ausencia, no puede decirse de la «carta robada» que sea necesario que esté o no en algún sitio sino más bien que estará y no estará allí donde está, vaya donde fuera, lo cual supone una concepción de lo real –a diferencia de los policías perseguidores de la carta– donde la búsqueda y el recorrido se transforman en el objeto que

acumulación de episodios permite no sólo acercar los polos y diagramar insólitas travesías sino también materializar la posibilidad simbólica de lo inaudible merced a sus grandes orejas que perciben aun "lo que viene de muy lejos". Pero la ausencia de mediaciones abstractas intensifica la clave desmesurada del continuo, tal como lo revela Cafulcurá a Clarke.[13]

nunca estará del todo escondido, y que lo que está escondido no es nunca extraviado en la biblioteca. Y aunque efectivamente estuviese en el anaquel o en la casilla de al lado, estaría escondido allí por muy visible que parezca." Es esto lo que sucede en el automatismo de repetición, y si lo que Freud nos enseñó tiene algún sentido es que el desplazamiento del significante determina a los sujetos en sus actos, allí donde la repetición simbólica no puede pensarse ya como construida por el hombre sino que es ésta la que lo construye. Jacques Lacan, "Seminario sobre La carta robada", en *Escritos 1*, Buenos Aires, Siglo Veintiuno, 1988.

13. Maurice Blanchot revisa la noción de continuidad al afirmar que la preocupación por lograrla dio lugar en la literatura moderna a obras escandalosas con el Conde de Lautréamont, Marcel Proust o James Joyce. Es en la "continuidad absoluta" proferida por el "carácter inagotable del murmullo" donde André Breton advierte las molestias del lector, porque la lectura metódica no puede afrontar la intrusión inmediata de lo real. Partiendo de las ideas surrealistas, Blanchot señala que la escritura automática quisiera permitir la comunicación de cuanto es, manifestando por ello su oposición a Hegel, dado que mientras los surrealistas buscan la continuidad de modo inmediato, para Hegel la continuidad no puede ser sino obtenida, producida en tanto resultado. En este sentido Blanchot se interroga si habría que afirmar, con Hegel y hasta con Karl Marx, que la singularidad inmediata no es nada, salvo que la encontremos al final del desarrollo de nuestra historia, nuestro lenguaje o nuestra acción en tanto conquistas por el trabajo de la mediación. El atisbo de respuesta que Blanchot avizora es que la presencia inmediata es presencia de lo no-accesible, ya que desborda todo lo presente como conmoción fundamental. Es preciso poner énfasis en que no pretende privilegiar la relación directa sea en el contacto místico o sensible, en la visión o la efusión, sino que en rigor, siendo imposible, reserva una ausencia infinita, un intervalo de alteridad. Véase Maurice Blanchot, *El diálogo inconcluso*, Caracas, Monte Ávila, 1993. En otro de sus libros, Blanchot insiste en la problemática poniendo de manifiesto una suerte de continuidad estético-filosófica con Mallarmé

Pero también en el terreno de los cuentos los detalles narrativos desmarcan las casillas donde el sentido busca detenerse; tal es la línea que sigue la versión del monóculo de Erasmo de Rotterdam, objeto de cristal tallado con forma de liebre que evoca la evanescencia de lo legible. Leer la tradición migrante y dramatizar –actuar– los códigos del rumor es consumar un lugar donde se imanta la palabra propicia a la letra, el cuento murmurado donde la oralidad, las dispersas voces que relatan, mienten la garantía de la marca o de lo *literal*. De este modo, entre el monóculo y el ojo se abre un abismo donde ya no es posible interpelar el espesor de un lenguaje sino re-vertirlo, con-vertir su estatuto conforme a la verdad. Es esta transformación lo que desliza de lado a lado, de oralidad y escritura, el ardid contra el legado que ostenta la *letra* en sus diversas manifestaciones materiales: el calco y la propiedad. Ojo y monóculo instauran así un decir que va más allá de leer

---

y Nietzsche. Así, esa suerte de figuración que es el desastre es y sobreviene como inminencia y soberanía de lo accidental, estando del lado del olvido o de lo inmemorial. Esto permite reconocer que el olvido no es negación o, al menos, que la negación no viene después de la afirmación sino que está relacionada con lo más antiguo, lo que vendría "desde el fondo de los tiempos". Blanchot dirá, entonces, que el desastre desorienta lo absoluto, y la repetición, siendo desconcierto nómada, afirma la singularidad de lo extremo y expone al olvido las operaciones de leer y escribir. Al respecto, reflexiona sobre el "misticismo" de Ludwig Wittgenstein, sobre la confianza que éste deposita en la lengua debida quizá a la posibilidad de mostrar allí donde no se puede hablar. Para el francés, sin lenguaje nada se muestra y, no obstante, callar sigue siendo hablar. Por ello el silencio es imposible y promete la no fijación, el desacomodo de lo fragmentario. Hay relación entre escritura y pasividad porque lo uno y lo otro suponen borradura, la extenuación del sujeto, la ociosidad de lo neutro que entre ser y no ser implica algo que no se cumple y sin embargo sucede como si hubiese ocurrido desde siempre. Volviendo a la inmediatez y retomando las definiciones reflexivas de Emmanuel Levinas, la vislumbra como presencia absoluta que trastoca el infinito sin acceso donde, al no caber la mediación, no hay relación ni más allá. Véase Maurice Blanchot, *La escritura del desastre*, Caracas, Monte Ávila, 1990.

y mirar según lo que los límites del lenguaje disponen, por lo
cual tampoco es posible ahora admitir un sentido fijado sobre
los objetos. Entre el decir circulante, entre los susurros y en-
redos que van mitigando el asombro, la fábula o la versión,
juegan a desafiar los emblemas literales: el monóculo de
Erasmo no puede cristalizar las letras y la liebre deja de ostentar el primado sobre la velocidad, no porque el tramo recorrido entre sus apariciones fortuitas demore lapsos más o
menos prolongados sino porque la distancia difiere y transforma los objetos previstos de la espera. Si lo que llega nunca es
como se supuso, esto se debe a la actuación extrema de la
metamorfosis que convierte, burla y pervierte las señales de
la certeza y de las explicaciones. La falta de lógica en *La liebre* es excesiva e irreductible, y si atenta contra la especificidad y la individualidad su resultado consuma una trampa paradójica cribada por la *diferencia en la identidad*: Namuncurá
y Clarke son iguales aunque diferentes, la Viuda y Rossana
son las mismas y sin embargo son otras. Si los cuentos con-
ciernen al lenguaje, al lenguaje atañe, entonces, lo inmediato
y lo superficial cuyo registro articula la cadencia infinita de
las palabras que ruedan por el desierto y que las viandantes
figuras van recolectando. Lo legible y lo escribible (Barthes)
definen el anverso y el reverso de un relato que se hace más
real a medida que se exaspera su teatralización, a medida
que el diferir consigue fraguar todo residuo de verdad en los
enunciados. Y cuando entre la versión y la fábula se inscribe el juego de un decir circulante que descalifica lo induda-
ble, lo trivial pone en escena no sólo el gesto indolente sino
también la hendidura cuya vacuidad ha derogado el pasado
diluyendo al sujeto migrante en un origen infinitamente postergado. Es preciso releer cada aventura de los personajes y
medir la gradación de los encuentros entre las distintas esferas: quizá podamos advertir que la superficie y la inmediatez son el producto de los cuerpos (de indios y caballos) o
efectos de sus mezclas, allí donde máscara (hueca) y piel (brillante) impugnan las calamidades frente a las cuales se expone el personaje como representación de una identidad racional. Tal como lo expone Carlos ante Clarke, la realidad y
sus resultados despliegan la forma de un continuo donde,

por ejemplo, la *frontera*, sin suprimir ni corregir los rumbos de Cafulcurá, lo hace converger alrededor de un punto siempre desplazado. Así, las eventuales cercanías y alejamientos entre las rutas seguidas por Clarke, Gauna y Carlos y aquellas tomadas por el cacique aseguran no sólo separación sino sendas ramificadas a través de las cuales, en algún lugar, coordinarán un encuentro futuro.

Lo *inmediato del lenguaje* se manifiesta también en la simultaneidad significante que deja vislumbrar la polémica sobre la traducción, alternando la serie "caza y partida", lo cual afirma el juego entre el objeto fugaz de travesías inconclusas y el desplazamiento de los relatos.[14] Por un lado, el rito tribal

---

14. En Foucault, por ejemplo, la serie está asociada a la repetición por la identidad ambigua de las palabras en sus sentidos de doble faz. Si el estilo de Roussel es extremadamente subrepticio, la leve torsión de las frases procura decir dos direcciones invertidas con las mismas palabras. Así, la experiencia de Roussel sitúa el lenguaje en lo que Foucault denomina "espacio tropológico", concepto que, tomado en préstamo de Dumarsais, aquí supone rodeo, la conversión lúdica y placentera que asigna nuevos sentidos a las palabras. La serie requiere necesariamente un espacio de desplazamiento donde éstas encuentran su identidad en cruce. Si la lengua en su exigüidad muestra los trayectos circulares de la repetición, sin embargo es ahí donde las palabras inscriben el máximo de diferencia en una amplia gama de matices sémicos. La serie, entonces, supone también cierta idea de espacio ligado a la proliferación en distancias y laberintos que recogen sobre sí los escalones y corredores semejantes y diferentes. A partir del texto foucaultiano sobre Roussel podría pensarse que la serie cubre dobles movimientos de retornos y retrocesos, por lo que las cosas irrumpen en un horizonte sin puntos de referencia, cuya identidad sin estatuto es recogida en los lugares intersticiales dejados por las palabras. Son estos pliegues los que ofrecen al lenguaje el pasaje de la paradoja por la que la recta es el círculo más perfecto para la cegadora visibilidad. Pliegue, doblez y bifurcación, la serialidad crea andamiajes, proezas y puestas en escena, situándolas en la articulación misma cuya abolición y engendramiento forman máquinas de invención, allí donde las figuras inauditas encuentran formas de partida y retorno en correlación con lo Mismo convertido en Otro. Estos pliegues e intervalos son los

de una guerra fingida y por otro una excursión que disuelve
su meta o finalidad articulan el pasaje de la traducción entre
juego y viaje. La partida lúdica delira y confabula en la simultaneidad de un doble sentido, el de la posición excentrada,

---

que enlazan las "funciones míticas", los aparatos o agentes de composición que en la obra de Roussel constituyen las series del unir y recuperar. "Unir los seres a través de las dimensiones más grandes del cosmos (la lombriz y el músico, el gallo y el escritor, la miga de pan y el
mármol, los tarots y el fósforo); unir los incompatibles (el hilo de agua
y el hilo de tela, el azar y la regla, la incapacidad y el virtuosismo, las
volutas de humo y el volumen de una escultura)." Entre los juegos que
estas dos vertientes ofrecen, el sitio de privilegio está dado a la imitación por atravesar el mundo, el espesor de los seres tocando el modelo
de ese Otro. Michel Foucault, *Raymond Roussel*, Madrid, Siglo Veintiuno, 1992. Para Michel Serres los modelos de la filosofía o de las ciencias extraen su regularidad o sistematicidad de cierta materia metafísica extraída de lo sólido y lo líquido, cuya consistencia o fluctuación confiere caracteres de estabilidad o imprecisión, rigurosidad o confusión.
De este modo, si Auguste Comte prefiere la solidez, Lucrecio pone atención sobre el deslizamiento molecular y los materiales intermedios de
los tejidos, lo que provoca en las consideraciones de Serres no precisamente la comparación esquemática sino desplazamientos inmediatos
hacia los soportes flexibles de la escritura, sea en sus variedades pla-
nas o alabeadas. Así, lo sólido y lo líquido consisten en estados cuya hi-
bridez constituye la topología de los caracteres plegables, extensibles y
desgarrables del tejido. Para Serres, la noción de volumen depende de
la de pliegue, lo cual implica la construcción de lo que llama "lugar".
Oquedades, surcos y relieves dibujan así la curvatura y amplitud donde reside el secreto del gigante y la miniatura, lo lleno y lo vacío, formando así molduras estéticas y significantes cuyas ráfagas y turbulencias conectan la embriología con la topología. En la suerte de "balance"
que Serres propone como definición del pliegue, termina por admitir la
desaparición de lo liso o lo pulido en tanto condición de la forma, y hace surgir el pliegue como su germen infinitesimal, como átomo topoló-
gico que permite forjar las redes heterogéneas de planos, mapas y páginas. Desde esta perspectiva no es casual que reconozca la concepción
deleuzeana del pliegue y que medite así sobre la paradoja que pretende
encontrar lo universal de lo vivo en la singularidad del lugar; también
se puede pensar en la serie rizomática donde los modelos espacio-temporales de la diversidad en mosaico se obstinan en la propagación e in-
vasión de individuos por lugares diferentes. Apoyándose en Leibniz, en-

desacomodada, fugitiva y el del azar aleatorio y fragmentario que ramifica cada episodio como singularidades de una constelación.[15] Así, los rumores y sucesos se cruzan en la inagotable posibilidad de la fábula. La política territorial, el objeto

---

tonces, la topología describe posiciones y encuentra su expresión más adecuada en las preposiciones que aluden a lo cerrado (dentro), lo abierto (fuera), los intervalos (entre), la orientación y la dirección (hacia, delante, detrás), la cercanía y las adherencias (cerca, sobre, contra, cabe), todas ellas realidades sin medida pero con relaciones. Véase Michel Serres, *Atlas*, Madrid, Cátedra, 1995. Según la concepción deleuzeana sobre la forma serial, son las matemáticas las que manifiestan la función relacional de los puntos en sus convergencias o divergencias. De este modo, la forma serial nos remite a la paradoja de la simultaneidad que, realizada por lo menos en dos series, subsume en la sucesión de términos el sentido de las designaciones, en cuya ley reside la diferencia ineludible de la representación por el significante y el significado. Lo que Deleuze entiende por significante es cualquier signo en tanto presenta en sí algún aspecto del sentido, siendo por lo tanto la expresión de términos que no son independientes; se afirma así la existencia del sentido como dimensión relativa a lo expresado y no fuera del mismo. Por el contrario, el significado es la designación, la manifestación, el correlato del sentido. Dice Deleuze: "De este modo, el significante es primeramente el acontecimiento como atributo lógico ideal de un estado de cosas y el significado es el estado de cosas con sus cualidades y relaciones reales". La instancia paradójica no deja de circular en las dos series; espejo de dos caras, es a la vez nombre y objeto, palabra y cosa, sentido y designación, expresión y designación, cuya propiedad es estar siempre desplazado de sí mismo, por lo cual no debe decirse que una de las series que lo animan es originaria y la otra derivada. En la instancia en la que se comunican son simultáneas por el lugar absoluto que determina su desplazamiento. Para Deleuze, esa *distancia* es la falta o estante vacío como juego perpetuo, el desplazamiento de piezas que fundan la *serialidad* a partir de variaciones infinitesimales y que destituyen en literatura conceptos como *personajes, identidades* y *conciencia*. Véase G. Deleuze, *Lógica del sentido*.

15. En los trabajos teórico-críticos de Nicolás Rosa, la idea de constelación implica una secuencia de códigos multiplicados, cuyo espacio discontinuo se distingue de lo que suele denominarse "superposición" y "polisemia". Una vez más, las matemáticas operan "la espesa sordina de la enunciación", la voz diseminada, por lo que las constelaciones suponen –al contrario de las asociaciones– enlaces

de una investigación geológica y las novedades familiares ce-
lebran la fútil apoteosis del *non sense*. En un comienzo, Clarke constituye a la liebre como objeto central de su expedición
orientándose por los trayectos de la interrogación o la pregunta y condensando en un planteo las variables del acontecer:
"¿Qué es lo que está tan oculto para que sea necesario dar la
vuelta al planeta para hallarlo y a la vez es tan visible como
para poder descubrirlo simplemente yendo a buscarlo?" (p.
30). Así se marca el revés de una trama que va señalando, en
el movimiento perpetuo, el signo de una doble cara. La serie
"búsqueda y encuentro" urde y anuda los puntos aleatorios
de cuentos familiares –a modo del rizoma al que aludíamos en
la introducción–. Amantes y antepasados tejen versiones que
exceden y a su vez algo se restan entre unas y otras (olvidos,
suspensiones, contradicciones), generándose como la posibilidad misma del contar. El inagotable conjunto de relatos desvía el carácter inicial de la exploración y hace de los indicios
pistas apócrifas que no cierran la incógnita de partida. Si
Clarke persigue lo elusivo es en la instancia que inscribe cada posición en la red de casillas vacías a condición de no ha-
llarse a sí mismo sino en el devenir de naturalista inglés a ge-
melo de Namuncurá. La liebre elude el cerco de reglas preexistentes (los nexos causales), promueve el desequilibrio
constante respecto de sí mismo y potencia un juego que desata el azar con sus propias tiradas. Si, como afirma el narrador, la geometría de la pampa se reduce a crear líneas entre-
cruzadas de llegada y partida, ella es la bisagra que pliega como un cristal lo alejado con lo próximo, lo grande con lo pequeño, en el devenir paradójico de los extremos. Clarke, la liebre y Cafulcurá eluden la aprehensión y sin embargo se reservan algo en común por no encontrarse donde se los busca

---

negativos en la escritura. Tomando como modelo teórico las producciones neobarrocas, Rosa especula sobre la dislocación violenta del
significante, el pliegue que cobija la alteridad opaca y se prolonga
"en una circulación que imaginariza la completud del espacio y del
tiempo", en una figurabilidad serial infinita que inscribe su persistencia sobre los bordes de la no-figura. Véase Nicolás Rosa, *Artefacto*, Rosario, Beatriz Viterbo, 1992.

y por estar donde no se los ve. Aira escribe una novela de deriva no sólo por el desajuste perpetuo que opera respecto de algún centro espacial y narrativo sino también por sustraerse a las pautas del racionalismo cartesiano.[16] Al demoler la

16. Tanto en *Reglas para la conducción del espíritu* como en *Meditaciones metafísicas* Descartes manifiesta una base intelectual que privilegia la certeza y la evidencia para la formación de juicios sólidos y verdaderos, formando así los cimientos del pensamiento racionalista, orientado hacia la resolución objetiva mediante estrictas reglas y métodos de elección. Desde esta perspectiva, si las experiencias o el camino sensorial son engañosos, la deducción como pura operación de inferir una cosa de otra nunca falsea la percepción porque se invalidan los supuestos o los juicios ligeros y sin fundamento. A partir de ello argumenta la certeza de disciplinas como la aritmética y la geometría, dado que ellas poseen un objeto puro y simple por consistir en una serie de consecuencias que deben deducirse por vía racional. En esta línea indica que para distinguir las cosas más simples de las complejas es necesario observar cómo y dónde radica la deducción directa y cómo las demás verdades se mantienen a distancia de las primeras, por lo cual es preciso atender que las cosas se distribuyen en distintas series no conforme a la división en categorías sostenida por la filosofía aristotélica –según la cual los seres se dividen en sistemas de clases cada vez más generales, siendo la categoría aquello que designa la clase más general– sino, más bien, conforme a la dependencia cognoscitiva entre las cosas. Así, procurando lo absoluto en detrimento de lo relativo, para una comprensión adecuada mediante la generalidad, Descartes considera las series de cosas y no la naturaleza de cada una de ellas, por lo que erige la causa y lo igual como las cosas absolutas; "pues por cierto, en los filósofos la causa y el efecto son correlativos, no obstante, si indagamos qué es el efecto, es preciso conocer primero la causa, y no al revés. Las cosas iguales también se corresponden entre sí, pero no conocemos las desiguales sino comparándolas con las iguales y no a la inversa". La transferencia y la comparación objetiva son, entonces, métodos idóneos para afirmar la semejanza o identidad de las cosas. René Descartes, *Obras escogidas*, Buenos Aires, Sudamericana, 1967. A propósito de Descartes, son interesantes las observaciones que realiza Deleuze (véase *Diferencia y repetición*) acerca de la lucha que Baruch Spinoza emprende contra la teoría cartesiana de las sustancias, impregnada totalmente de analogía. En esta misma dirección señala el ataque

distribución sedentaria de un espacio, también son nómadas los predicados de la "identidad".

Retomando algunos hilos de lo que decía antes, en este sentido podríamos hablar de una transvaloración en las pautas éticas y culturales que legitiman el funcionamiento de un modelo o la vigencia indeleble del canon como lo es, en este caso, la tradición narrativa en la literatura argentina de viajes, de los viajeros ingleses, cuyo paradigma funciona aquí con el naturalismo de Charles Darwin. Ahora se añade un doblez a la perplejidad producida por esos informes que desbordaban sus restringidos propósitos de describir yacimientos y topografías territoriales. Aquí, la transmutación de la liebre de carbón a diamante libera la traducción poética de la clave científica, recolocando el lugar del extranjero que con Ezequiel Martínez Estrada había quedado asimilado a la geografía nacional.[17] Porque si de algún mo-

---

que Spinoza lleva a cabo contra la concepción cartesiana de las distinciones, que mezcla estrechamente lo ontológico, lo formal, lo numérico (sustancia, cualidad, cantidad), sosteniendo en cambio que el ser como tal se dice en un solo y único sentido aunque los modos y la sustancia no tengan el mismo.

17. Martínez Estrada (*Radiografía de la pampa*, Buenos Aires, Losada, 1991) hace del viaje la materia paradójica de la conquista, según la cual el extranjero resulta finalmente vencido por la tierra. Desde los componentes espurios y brutales de los aventureros soñadores, Martínez Estrada construye la genealogía telúrica que prolonga la simiente del ludibrio y el escarnio en la etapa poscolombina del descubrimiento, afectando la constitución racial del continente mediante el proceso irreversible del condicionamiento y las determinaciones. Con una escritura metafórica y enigmática, el pensador argentino traslada desde América a la pampa la historia errónea de utopías, por lo que concentra en el suelo vernáculo su esencia, la realidad imposible de modificar que guarda tan sólo una respuesta a las precarias y ambiciosas obras de los hombres: la maldición. La "radiografía", por lo tanto, consiste en un modo u operativo de lectura que en Martínez Estrada funciona como desmontaje de las "ficciones de cultura" disociadas de la auténtica realidad americana, trazadas asimismo como falsa escala de valores y jerarquías en torno del tráfico y la posesión de tierra. Si hectáreas y escrituras tramaban las redes de

do la tradición extranjera había sido codificada en términos de fundación vernácula, Aira lo restituye al limbo abierto de lo nuevo, que en palabras de Nietzsche anticiparía lo lejano en lo presente prescindiendo ya de conceptualizaciones y dicotomías.

---

intereses e influencias dibujando un mundo dividido en los que tienen y mandan y los desposeídos que obedecen, el campo es extensión, lo más fácil de adquirir y conservar pero sin embargo muestra la inmensa soledad, la falta y el abrumador horizonte cernido sobre el infinito vacío del hombre que vino a tomar por la fuerza. Habiendo perdido toda idea de medida, de orden, de tiempo, lo enorme, lo inmensurable, el conquistador oirá de los despojos y dominios, de la plusvalía y los vencidos, la voz real de su fracaso, la frustración que la fábula guarda en el bono de crédito de la tierra. Posteriormente, la adquisición del ganado refuerza el contraste entre el español y el indio que nada tiene en beneficio propio y, en forma paralela, el sometimiento, la posesión irracional, la violencia y el ultraje dejan sus consecuencias irremediables en una población nacida de uniones irregulares entre el invasor y la india. Así, este paralelo vergonzante y utilitario entre yegua y mujer va a trasladarse desde estas épocas iniciales hasta la poesía gauchesca de *Martín Fierro*, por lo que tanto en los tipos del mestizo como en el del gaucho los sentimientos preponderantes serán los de desprecio, resentimiento y humillación.

Es sumamente útil la consulta de Beatriz Sarlo (*Una modernidad periférica: Buenos Aires 1920 y 1930*, Buenos Aires, Nueva Visión, 1988), quien señala la articulación de los temas ideológicos constituyentes, en *Radiografía de la pampa*, del problema argentino. Sarlo advierte el eco del positivismo en las argumentaciones raciales que rigen la interpretación de la historia así como la oposición spengleriana entre naturaleza y cultura, por lo cual Martínez Estrada inscribe en el origen y destino de América la tragedia de un mestizaje mal compuesto y contrario a la civilización. Así, la crítica recorre los caminos del pensador por la anarquía y el vértigo que moldean la cultura di-simulada y superficial argentina, puesto que la importación y el transplante sólo dejan que en su fondo anide lo siniestro y la máscara del sistema de espejos deformantes.

LA LIEBRE: GENEALOGÍAS DEL RELATO

Las versiones legendarias de la liebre proliferan en un sinnúmero de raccontos acerca de monóculos de cristal tallado, transmutaciones de carbón a diamante, metamorfosis animal, monstruosa, de ojos y orejas desmesurados, desplazando de esta manera la andadura entre el acto verbal y su referente. La transferencia, de este modo, es significante, simultánea, puesto que uno deriva, surge, de otro sin que sea posible determinar el punto inicial. Esto no es otra cosa que la función ejercida por el cuento sobre el movimiento de la in-mediación, aquella que destrona las leyes generales en el pliegue y la tensión de los extremos, tanto en la dimensión del lenguaje como en la del tiempo.[1] Porque si, por un lado, la nivelación de fábula y relato científico corroe el sistema de

---

1. Los trabajos de Nicolás Rosa se despliegan como materialización de un pensamiento arborescente, rizomático, donde los conceptos proliferan a modo de nódulos y trazos infinitos, promoviendo una lógica intersticial que deja vislumbrar los bordes y caminos paradójicos entre completud e incompletud, entre continuo y discontinuidad. En este sentido, su escritura pone el acento sobre sí misma como producción, orientándose como hacer y trabajo que privilegia el contorno y el desequilibrio, reconociendo la nomadización del pensamiento que al destituir el centro deroga también la sedentarización de las lenguas. En el encuentro interferente de saberes –poesía

la representación, el cuento insiste en el retorno de lo Mismo inmemorial que desde su partida fue siempre lo otro, revestido de un relente equívoco del deseo y el olvido. A medida que avanza la pesquisa, se modifican las relaciones que el recuerdo y la conciencia establecían con sus objetos y, dislocando los ejes de fines y metas, proliferan en los rumbos imprevisibles del narrar. Las versiones van a diferir y aplazar la congruencia que sabe deslindar las cosas, desplazando, alternando así la jerarquía de lo real y el régimen de verdad que los relatos imponen como propios. De tal manera están dadas las condiciones para que el código naturalista de la observación o de la explicación de las taxonomías y los rótulos se vuelva legible desde la lente mágica de las leyendas, lo cual desestabiliza el primado de la definición conceptual y

---

prosa, aforismo– Rosa encuentra la génesis de una topología alucinante para negar la hegemonía de la determinación y la causa; *el viaje y la frontera* es el deslizamiento del discurso que tiende a disolver las coordenadas del interior y el exterior y, correlativamente, las formaciones jerárquicas, pero también ambas figuras se engendran como metáfora operativa de los *pliegues* que redistribuyen la construcción y legalidad de lo real. Desde *Artefacto* y con el filtro de Blanchot, podríamos decir que se actualiza la búsqueda de la neutralidad, la in-diferencia y la indeterminación. Y por una topología que atraviesa el diseño o el atlas textual, el viaje es menos un modo de referir o imaginar los trayectos lábiles del discurso contemporáneo y la escritura que una manera de nombrar y promover la travesía del orden simbólico o, mejor dicho, el desplazamiento operativo de un pensamiento materializado como práctica y trabajo. La topología, entonces, presta sus figuraciones manuales, táctiles, pero es concomitante, también y en tanto operación, al viaje e ineludiblemente al fragmento. Siguiendo en cierto modo la vía metafórica, la geología por un lado cede en préstamo ciertos términos que construyen categorías semióticas ligadas a teorías psicoanalíticas o de interpretación. Pero, por otra parte, el viaje de la lectura por las sendas de indicios y efectos "intersemióticos" funciona como soporte sintomático que va enhebrando las marcas y cicatrices a surgir o reaparecer en la superficie textual. Así, las huellas en los discursos o los fantasmas de la cultura quedan como efectos de costuras, erupciones y suturas que deja la "función indicial" de la marca indeleble. Véase Nicolás Rosa, *La lengua del ausente*, Buenos Aires, Biblos, 1997.

por ende de la identidad. Pero el acto de contar reacentúa de modo complementario la dimensión paradójica del tiempo que marca su propia abolición en la circularidad del espacio o rectas prolongadas al infinito. Lo idéntico no es entonces la integridad cabal y acabada de la coherencia sino los signos itinerantes de la equidistancia, la cual anula a su vez la causalidad mediante el desplazamiento de figuras que aparecen, desaparecen, se manifiestan y se ocultan. El tiempo del relato pone en escena la vuelta, el extravío de un pasado que por no reconocer antesalas previas hace de la perplejidad y la sorpresa la expresión más plena de la naturalidad fútil. El conjunto de relatos aplaza, difiere, a la liebre en tanto el originario y primitivo objeto de la expedición emprendida. Poco a poco las metas y propósitos nítidos del comienzo se van convirtiendo en filigranas de una superficie verbal, allí donde el lenguaje marca el punto de inflexión entre su origen y eso de lo que se habla. La liebre surte efectos de jeroglífico reproductor o máquina de repetición que permite ver los entreactos y bastidores de la escena genealógica.[2] Allí lo que repite está dado junto con lo que es repetido, siendo ese movimiento inherente y constitutivo de repetición lo que produce el mayor potencial del desplazamiento y la diferencia. En el acto de contar proliferan las manifestaciones extremas e in-

---

2. El síntoma convoca, por un lado, las lecturas que desestiman la propiedad del *sentido* pervirtiendo la mirada que se aloja previsiblemente en los lugares de lo manifiesto y lo latente, pero también perturba los *tiempos en la historicidad* de las lecturas cronológicas que no admiten las procedencias persistentes de las figuraciones o el retorno de lo ausente desde la forma de réplicas itinerantes. En este sentido y con palabras de Rosa, la "mímica de la repetición en la escritura" borrará el nombre del padre apelando al automatismo y al azar, porque en las alianzas arcaicas que allí se constituyen ya no se establece la disputa por la herencia que los hijos reciben de los padres. Los nombres ancestrales no sólo permiten sino que solicitan el desvío y el desplazamiento: "No hay que leer a Freud en Derrida sino a Derrida en Freud o con *(avec)* Lacan". Es ahí donde se vertebra la posibilidad de una heráldica como copia y polémica, como don de calco y robo, rechazo y expoliación. En la instancia de la filiación, la cuestión del síntoma repone el saber inconsciente del

tempestivas de aquello que hace posible la reunión de lo singular y lo universal, donde la narración sustrae los cimientos del supuesto y del modelo, quitando a los nombres propios o a las figuras el espesor estático y aceptado que los inmuniza ante los embates de la novedad. En este sentido, la singularidad de Rosas, Cafulcurá y los viajeros ingleses consiste en el carácter inmediato que detentan al transgredir el modelo del discurso histórico y al resultar a la vez anónimos, extraños, nuevos, como recién descubiertos por los ojos de un narrador que se fijan en lugares no relevantes sino más bien sobre objetos insólitos, irrisorios, nimios, inocuos. Si el narrador flexiona y alterna sus posturas en saltos o cuclillas, en una mirada respingona, infantil y aumentada, es porque urde a partir de los detalles la intensidad y la indiferencia de un mundo de historias, cuyas máscaras exaltan la repetición simbólica por antonomasia, por ser letra de cuento, palabra, lenguaje y, sobre todo, por no recubrir nada, ninguna variante que provenga del exterior. En este universo de relatos cada cosa es encubridora y disfrazada y, además, es un exceso que impide la emergencia de objetos extraverbales. En Aira todos esos movimientos de rotaciones, cursos y rizos ondulantes, cortes y desvíos del azar, marcan la instancia de la repetición y el desplazamiento, haciendo pensar en el campo como una suerte de espacio escénico figurado –así ocurre en *La liebre, Ema, la cautiva, El vestido rosa, El bautismo*– potenciado en itinerarios y bifurcaciones, en el modo de llenarse y ocupar –y el infinitivo aquí empleado no es casual–, mediante signos y máscaras, incidentes y contingencias. Desde esta perspectiva, los productos de la imaginación en la narrativa de César Aira se presentan como lugares comunes quintaesenciados donde el narrador liba de la unión y mixtura entre lo simple y lo universal. El desconcierto y la singularidad provocan la extrañeza a partir de la imaginación

---

acto de leer, disolviendo el recuerdo textual, implicando la *genealogía de la escritura* mediante el olvido en las relaciones de propiedad: "Ya no importa quién lo escribió (no recuerdo el nombre del autor) ni qué dice la intriga (¡ah! ¿cómo se llamaba la protagonista de Ana Karenina?), apelando sin saberlo a la elocución torsiva del chiste freudiano...". Nicolás Rosa, *La lengua del ausente*.

popular –allí donde desierto, pampa, generales y malones
constituyen el patrimonio común de una determinada esfera
cultural– y de la mirada infantil por la que prosperan las ma-
ravillosas alianzas, murmullos e intercambios de seres que,
como los gemelos de Juana Pitiley, franquean la metamorfosis para ser otros y a la vez ellos mismos. El continuo y lo ilimitado en Aira poco o nada tienen que ver con la vastedad
infinita que causaba pavor a la mirada romántica, porque el
azar esparce las marcas fútiles y epidérmicas de líneas cruzadas, posiciones volátiles, cosas y figuras que se desvane-
cen en la celebración de una poética orientada hacia la fluidez frágil de una trama de relatos. El espacio no se aloja en-
frentado en la retina del viajero como una imagen que se le
opone; más bien se interfunde en los pliegues prismáticos de
series aleatorias y trashumantes entre objeto y sujeto, diferidos y bifurcados en ramificaciones de un devenir fragmentario, de una deriva continua, neutra, desplazada y promovida
por el juego de las in-mediaciones, atentando a su vez contra las ideas serias de la literatura profunda y trascendente.[3]

3. Cuando Rosa se detiene ante el saber que Serres convoca a partir
de Julio Verne, advierte en él cierta imposibilidad permeable, no obstante, para confrontar sintaxis divergentes y a la vez experiencias simultáneas y paralelas. Un "saber imposible, saber de la desaparición", la idea de rastro o vestigio supone una proyección, una modalidad metafórica de la forma semiótica donde "tiempo y espacio coe-
xisten, donde transcurso y acontecimiento se reúnen en un dispositivo territorial", donde la superficie no es tanto lo visible sino el signo de interrogación inmediato por los efectos que se manifiestan, por
el punto catastrófico que provoca expectación en la textura laminar.
Estas nociones o categorías quedan anudadas en la lógica del *pliegue
o la frontera*, que Rosa piensa como arqueología de la inminencia, figurada por ejemplo en el texto barroco o en las intermitencias freu-
dianas en torno de las categorías de lo profundo y la superficie, donde el síntoma supone retraerse de lo insondable, del fondo esencial
que define a la estética romántica. Como estado de consumación,
tanto el vestigio como el síntoma inscriben en la entidad primitiva y
la marca futura "el recuerdo del extinto", remitiendo al orden simbólico extremo, a la memoria consciente en el acto de su desaparición
súbita, in-mediata y eruptiva, a la "secuencia semiótica" significante

Un jinete solitario les llamó la atención; lo vieron durante horas. Iba exactamente sobre la línea, para ellos, del horizonte y su marcha parecía ondular, pero no al modo de un
zigzagueo corriente (en ese caso lo habrían visto acercarse y
alejarse) sino más bien como si el espacio entero cambiara de
posición entre los observadores y el objetivo. (p. 5)

Tratándose de liebres o de jinetes, pareciera como si tras
los rastros veloces se derrumbaran los principios del modelo
lógico que mide y cierra causas y efectos, que economiza y
distribuye medios y fines o que asigna a los nombres la ley de

---

en su instancia de superficie. Pero también podríamos seguir recorriendo el hilván urdido por un concepto que Rosa recupera de Serres: la *interferencia*. En tanto clave que no cesa de diseminar sus
ecos y resonancias, inscribe la inflexión siempre problemática entre
el lenguaje y lo real, desacreditando el régimen de verdad con el que
la tradición occidental ha privilegiado –y clasificado– ciertos discursos como el de la historia. *La lengua del ausente* repone las máscaras suplementarias de la interferencia a través de una urdimbre conceptual en torno de la *neutralidad incondicionada*. Ya en *Artefacto* y
con un sólido manejo de Blanchot y Jabès, Rosa formula la estrategia suspicaz, la tópica excéntrica de lo in-fundado –en tanto falta y
ficción del origen– como desplazamiento político de la Razón y el Método hacia la periferia. Así, lo real ausente se conforma en el plano
simbólico materializado en la retórica sesgada de la frontera; la neutralidad *(nec, uter)* sabe prescindir de la definición o el sentido taxonómico. Véase Nicolás Rosa, *La lengua del ausente*. En Blanchot hay
una relación estrecha entre lo neutro, lo fragmentario y la deriva,
porque suponen borradura, cambio de tiempo y, en el intervalo del
ser y no ser, algo que no se cumple pero que sucede desde siempre.
Con su escritura hermética y enigmática, en esto insiste cuando habla del silencio inminente del desastre inmemorial, la ausencia de
tiempo restringida a una singularidad temporal. Pero va más allá al
figurar la inmovilidad inerte de algunos estados que suponen el
arrancamiento, la extenuación o la caída fuera de sí, situaciones todas que lindan con lo incognoscible y designan la cara oculta de lo
humano, pero que también dan cabida para hablar de lo infinito. El
ser pasivo, en deriva, queda rebasado, exhausto por la ruptura de lo
incesante que es lo fragmentario, por el accidente ya sobrevenido y
la condena a la indiferencia. La deriva es el cambio imperceptible en

la designación. La liebre reúne los elementos paradójicos en movimiento perpetuo como efecto óptico, como eco que resuena en otro lugar, como narración residual cuyo sedimento recorre la heterogeneidad de una historia embrollada; asimismo puede mostrar la génesis de un relato constituido por escenas correlativas y por series disimétricas y paradójicas. Como objeto evocado, perseguido o como manifestación plena del continuo en movimiento infinito, la liebre desequilibra entonces las proporciones entre exceso y carencia porque siendo palabra-cuento es cosa hacia la que convergen y divergen personajes, aun esquivando un único centro y dirección. Esa suerte de cosa furtiva se materializa como significante que flota en una remisión diferida de lo que aparece como lo ya mutado. La liebre se presenta así como la metáfora de lo que es en su disolución, imagen de la evaporación y fragilidad y, sin embargo, de la más plena consistencia de lo real. Como nombre, acción, palabra o escena, ese huidizo objeto escande y fuga; liebre, cromatógrafo, linajes descolocados, imprevistos, leyenda, carbón y gema brillante, encubre la inagotable potencialidad de la transformación, de los efectos puros de la metamorfosis –en tanto "palabra esotérica"– pero también salta y expulsa –"palabra exotérica"– como desplazamiento que desteje el velo de las cosas mutadas, reponiendo a su vez algún resto germinal en el que el pasado coincide, por extremos simultáneos, con el futuro. Sin la impronta de algún *telos* trascendente, esa suerte de "casilla vacía" o "causa ausente" hace circular y rodar el conjunto de cualidades o atributos que constituyen la trama novelesca. Ahora bien, en el texto, el absurdo o el *non sense* se oponen a la simple ausencia de sentido

---

los efectos del saber que se esfuma, allí donde la repetición, lejos de provocar un resultado, deshace. Así, los fragmentos se escriben como separaciones no cumplidas: lo que tienen de incompleto, de insuficiente, obra de la decepción, es su deriva, el indicio de que, ni unificables ni consistentes, dejan espaciarse señales impidiendo la terminación y, al contrario, haciéndolos prolongar y persistir en virtud de lo inconcluso. Véase Maurice Blanchot, *La escritura del desastre.*

el cual, insisto, se extiende en una remisión al significante
que lo produce siempre en exceso. Aquí, la liebre es un punto de desplazamiento y una suerte de atributo móvil o expresión sobredeterminada como instancia de todas las permuta-
ciones de actos, escenas, y constituye la abolición de las identidades previas y constituidas. Es notable que las cuestiones
que atañen a la conciencia o al yo centradas en la representación general, congruente y semejante de las categorías de
tiempo y espacio reenvíen a la idea de que todo viaje se constituye sobre un interrogante, una pregunta, un misterio susceptible de ser develado, descifrado.

En lo que respecta a Clarke, tanto él como su objeto de
búsqueda y hallazgo inesperado se cruzan como series dispares: así, buscar-encontrar se enfrentan como series invertidas o desviadas donde el instante de la pregunta se reviste o
se enmascara en una constelación de disfraces. Se podría decir entonces que el viajero ya no descubre, centrado en una
perspectiva consciente y antropológica, no imprime su huella
como marca de apropiación territorial, ni su nombre como rúbrica jurídica.[4] El viajero no se legitima como portador de una
identidad estable, distinta y semejante en el repertorio de las
cualidades que constituyen la subjetividad discernible y acep-

---

4. Por 'juridicidad', Derrida entiende un conjunto de convenciones
que apelan a la comunidad cultural e inscriben las condiciones de
reconocimiento acerca de lo que es un texto. Montados los cimientos
de un saber incuestionable, procede a vislumbrar las fisuras de los
axiomas consensuados en un contexto determinado. Así, hay un
cierto número de criterios que establecen la identidad, la singularidad y la unidad del texto, así como el marco o los límites que garantizan su principio o su fin. Si bien hay un conjunto de leyes que
constituyen el reaseguro de los derechos textuales, la historia que las
sostiene desmiente su pretendido (y consensuado) carácter de leyes
naturales. En este sentido la existencia del autor o del signatario
también implica un sistema de leyes que determinan las políticas del
nombre propio respecto de la inscripción de los autores en el relato,
en cuanto a su entrada en escena como personajes sin dejar trazos
rigurosos para distinguir entre las dos funciones o valores: estatuto
real portador de un nombre y entidad ficticia. Así, la seudonimia y la

table. Tampoco puede decirse que frente a un espacio ajeno el expedicionario asuma la experiencia trascendente de quien se constituye como depositario de saberes y referencias que amplían el horizonte enciclopédico. Tal vez es aquí donde el texto de Aira marca la ruptura con la tradición del siglo XIX, en la demolición del saber como la certeza y fundamento de la percepción. En la víspera de una perpetua modificación, Clarke no funciona como poseedor de un sólido ego sujeto de la excursión a las pampas, sino que él es lo que acontece, lo que deviene siempre como otra cosa, desplegando la figura del sentido como efecto de superficie (porque recorre, desplaza, se extiende y disemina), de óptica y posición (porque las distancias son relativas al lugar ocupado y las visiones pueden ser fragmentos residuales de la velocidad, el caos y la inmediación). Pensemos, por caso, en la imagen de la carrera de liebres enredadas en las patas de los caballos o la secuela fantasmagórica producida por los prismas corporales de los indios, pintados, engrasados, luminosos.

Pero también las cosas y seres rodantes y extra-viados figuran el sentido como efecto de lenguaje en tanto la novela abre el telón (y los bastidores) de un reino de paradojas. Ahora bien, el viaje inicia una constelación de preguntas –problemas que, antes de marcar la respuesta de acuerdo con un presupuesto, infringen la lógica secuencial haciendo coexistir negación y afirmación, sustrayéndose a la base racional de los hechos observables: "Por supuesto la gema no existe, aun así nos pertenece"–.

Este enunciado no hace sino delatar una zona oscura del lenguaje donde se viola la tranquilizadora e indolente imagen de un mundo acordado, presupuesto. El énfasis finge admitir y consensuar los aciertos permanentes de la con-

---

propiedad literaria, por ejemplo, plantean la relación inherente entre autor y género, problematizando el lugar de pertenencia textual y, asimismo, las condiciones que conforman sea un corpus textual o, más complejo, la decisión que apunta a demarcar el discurso literario. Véase J. Derrida, "Ante la ley", en *La filosofía como institución*, Barcelona, Granica, 1984.

vención, el sostén de las leyes lógicas, y apunta a la irrisión. En este mundo insensato, Clarke se desintegra sin desaparecer; y en la aventura que inicia no interpreta los acontecimientos como derivados mecánicos de un origen primario sino como efectos de lo real en perpetua trans-ferencia y cambio. A través de estos brotes y signos se escanden los resabios del linaje naturalista (su parentesco con Darwin) y se pierde el nombre propio en el instante inaugural de una nueva estirpe. Así, la presentación y el conocimiento –sin el prefijo "re"–, la pura extrañeza, constituyen la génesis de la novedad ancestral, la "novedad" de los antepasados: el padre es Cafulcurá.

PARADOJA VERSUS REPRESENTACIÓN

El universo es un caos de paradojas que muestran dos sentidos a la vez, potenciando los trayectos y direcciones simultáneas cuya imprevisibilidad ya no permite subsumir lo diverso ni anudar una alianza equilibrada entre el yo y el mundo. En este sentido, cuando Clarke vea al *desconocido* de ropas inglesas se volverá irreconocible –él mismo, con sus taparrabos y pinturas–; entonces surge el espacio donde la repartición nómada desplaza los atributos específicos que resuelven y determinan la identidad. *La liebre* de esta manera impugna la re-presentación que organiza las figuras mediante criterios de función y coherencia estructural; porque a través de ella no se pueden, meramente, multiplicar las perspectivas o los puntos de vista sino que a cada zona aleatoria o punto de cruce móvil le corresponde una serie de ramificaciones potenciales. La liebre, esa escurridiza figuración, entonces, no se re-produce idéntica y reconocible sino que se desplaza en la repetición y el descentramiento de la presencia que la vuelve tan real como inasible. Liebre y juego son sentidos que remueven la preexistencia de las reglas y desplazan las funciones que condicionan los efectos al desarrollo mecánico de las consecuencias. Los mensajes cruzados, la pregunta como traducción, los gestos codificados y los ritos tribales se involucran como juegos de lenguaje, cuya realización no está suje-

ta a una respuesta previsible. Zurcido y sutura, la trama en-
revesada de las historias se presenta como una continuidad
flotante o suspendida, prescindiendo de marcas de fin o de
principio, asignándole a la casualidad la posibilidad de los
encuentros. Como si en la travesía afloraran actos que asumen una máscara para desviarse y resurgir en otro lugar del
continuo fluido. La sorpresa y lo casual diseñan un atlas de
regiones móviles donde se suprimen las paradas, los objetos
permanentes, los tiempos de reposo, y las cosas reaparecen
en la disipación de los intersticios, en los bordes de las procedencias, liberándose de la generalidad nominal que sostiene la ley del concepto y la representación.

> Al cambiar de perspectiva desde la cual veían los toldos
> pudieron hacerse una idea del desparramo que tenía lugar,
> donde unos segundos atrás se celebraba pacíficamente la lle-
> gada de la noche. Todos se precipitaban sobre todos [...] Y los
> fuegos reflejándose en los miles de puntos móviles o en las co-
> rrederas de cada músculo; podían haberlos sorprendido sin
> las armas en la mano, pero no sin la grasa en piel. (p. 150)

Frente a la profundidad abstracta de las múltiples perspectivas, con los motivos especulares se neutralizan las mediaciones, cuyo lugar es ocupado por la refracción prismáti-
ca de las imágenes y el desvío, allí por donde ingresa o se
presenta lo real. A su vez, la virtualidad infinita del suceso,
la versión inconclusa del acontecer, constituyen los puntos
aleatorios, reversibles de un motivo como el viaje, metáfora y
figuración del movimiento puro, de la dis-tracción y los errores lúdicos de una visión alucinada.

> Se veía casi al otro lado de la línea, como si ésta se hubie-
> ra hecho cristalina, la línea prismática que dividía lo visible
> de lo invisible, lo que abría la perspectiva más allá de lo ob-
> vio. Y allí, justamente, vieron al vagabundo. (p. 125)

La fluidez y transparencia superponen los planos, plegando las piezas del tablero que constituyen las cosas del espacio. Si los cristales trazan la cartografía itinerante de cosas y
seres, el mapa de su reino insiste en desconocer la distinción

taxonómica, asumiendo en su lugar la frontera o el límite poroso de la diferencia en tanto metamorfosis incesante. Es aquí cuando cosas y palabras coinciden, cuando las imágenes se rozan y disfrazan con los cuentos y los rumores. Pero no lo hacen según la utópica limpidez hermenéutica sino que simulan el acto posible, latente en cada manifestación. Por eso no hay tiempos discernibles en el sentido en que los objetos huyen como hacia adelante, eliminando, si no la evocación o la trans-fusión, sí el recuerdo y la secuencia lisa de asociaciones. La repetición y el desplazamiento urden la superficie irisada de la deriva donde el fragmento aparece ligado a la idea del continuo.

Por otra parte, lo que las citas dejan ver a través de la luminosidad y las láminas incandescentes de todas las formas es el desplazamiento mismo que genera la trama anecdótica, más allá de los "puntos móviles" que las cosas son y proyectan. El gesto figurado que permite traducir los efectos de brote y desliz sería una suerte de salto teatral en la escena donde acontecer y ser se funden en tanto objetos que resbalan sobre disfraces sin cierre ni medida. Tanto Clarke como la liebre son términos metafóricos que se implican como zonas de traspaso y desplazamiento cuyas apariencias, antes de asumir un sentido de trascendencia, hermetismo o profundidad, se ligan a la idea de aparición y reposición. Lejos de constituirse en claves que cifren las direcciones del viaje, asumen la simultaneidad del devenir, liquidando la distancia mediadora que reúne y distribuye las manifestaciones en una armónica síntesis, inventando un uso reticulado del espacio –donde los intervalos, la inmersión, lo cerrado o lo abierto son más bien operadores de inflexión– y construyendo una topografía sobre relaciones de adherencia, acumulación o vecindad. Las posiciones afirman, entonces, la continua incidencia del pliegue como elemento clivado de unas y otras formas. Y es en su implicación donde residen los secretos de lo grande y lo pequeño, lo gigantesco y la miniatura, lo cercano y lo lejano. Así, las distancias constituyen simulacros de lejanías en donde los intentos por recuperar la visión integral del encuentro de padres o vagabundos se vuelven inútiles por el mismo "estar ahí", entre leguas que nive-

lan los sonidos al tamaño imaginario de unas enormes orejas de liebre. Tolderías, carreras sin explicación, apariciones
repentinas aunque sin apuro; el ritmo cansino de corrientes
fluviales y un desierto laberíntico y ondulante, saltan como
vaguedades los cercos de las ideas trascendentes y hacen desaparecer lo siempre igual a lo previsto.

Es como si la vida que la escritura realiza borrando, esfu-
mando sus medidas, escondiera su propio secreto expandiéndose, prolongándose en el tiempo y el espacio, en las zonas singulares que reclaman, no obstante, su validez de par-
celas universales. Y la escritura es soporte de la misma ex-
hortación que resalta la universalidad del movimiento vivo
–viajeros, gemelos y madres que escamotean sus lazos, indios, amantes o caballos en tropel– en la singularidad del lugar, allí donde el tiempo que la mirada crea marca el instante de la azarosa coincidencia entre lo real y el resultado. No
es más que el trayecto sinuoso de las aporías de la visión,
fluctuante, nunca excluyente entre delirios y estupores ante
el fracaso de la normalidad y la razón.

> Como en realidad no hay nada imperceptible, pensó que
> la diferencia era absoluta, cubría la apariencia íntegra. Esa
> diferencia podía resumirse diciendo que en Salinas Grandes
> se vivía fuera de la vida y aquí adentro él había caído direc-
> tamente en aquel reino de fábula y lo había tomado como al-
> go natural; ahora tenía que hacerse a la idea de que la fábu-
> la era una isla en medio de la vida corriente. (p. 141)

En el espacio como desierto, o en la "casilla" que incluye
agujeros, pasadizos y "ciudades" sin exterior ni interior, la
vida se obstina con el desplazamiento que forja el mapa de
un pliegue serial, una diversidad de mosaicos que envuel-
ven y propagan el movimiento y la acción, en el plano paradójico donde los seres se permutan con volutas y densida-
des de formas embrionarias. El desierto se pliega y significa
con gérmenes de cosas, colmando de intermitencias las páginas de una grafía, entre las ráfagas y turbulencias de la
repetición. La frontera como límite desplazado perturba la
distribución sedentaria en tanto constelación de figuras no-

vedosas, creativas, desopilantes, que se salen de la zona reconocible, impidiéndole a Clarke, por ejemplo, el gesto habitual de abrir o cerrar puertas y ventanas que faltan por no ser necesarias. Su expedición se convierte en un fárrago de superficies, donde no se sumerge ni desaparece por ser parte de la vorágine del acontecer. Lo Mismo en mil fragmentos disuelve los nombres propios y previos en identidades nuevas y a la vez remotas, quitando y devolviendo de otro modo lo que alguna vez asignó a Clarke una filiación inglesa y naturalista. Si lo que faltan son las cualidades detenidas y medidas es porque se pierde el enlace entre el sujeto Uno y el ámbito que autoriza identidades válidas en el sistema de la individualidad. En este sentido, la descripción que hace Equimoxis del espacio como génesis de movimiento y creatividad asume la instancia lúdica y significante que liquida el orden abstracto de las mediaciones tendientes a instalar centros de racionalidad o a configurar el espacio en categorías de fuera o dentro, antes o después. De manera tal, el desierto de la liebre no se presenta como la inversión especular de estas categorías lógicas sino como paradoja que potencia la pregunta sin respuesta en varias direcciones simultáneas, el recorrido a través de un cosmos, un universo caótico en el que no se distingue el arriba o abajo, ni las dimensiones temporales que rigen al buen y común sentido. Así, la frontera es la región genealógica porque precede a la instauración jerárquica de unidades y elimina las funciones orgánicas y previstas. Se presenta más bien como acto inaugural, como inicio desordenado donde ya no es posible rastrear el sentido primario de un origen único. Es en esta circulación de formas donde la excursión marca las procedencias y el punto de retorno en un juego aleatorio de figuras, trastocando las posiciones de la acción y sus atributos o predicados. El desierto asume así el impulso desestabilizador de los caracteres que determinan la ubicación y la función de los roles. Las direcciones que Clarke, Gauna y Carlos atraviesan son distintas de las que recorre Cafulcurá y sin embargo son inseparables. La repetición genera posiciones y lugares reversibles pero también agentes cuyas travesías ceden a los efectos del transcurso y los reveses.

Ambas instancias figuradas en espacio y personajes se interfunden como zonas de traspaso, ahí donde el retorno es operador de cruce y reposición. El viaje, entonces, abre el elenco donde el sentido engendra vías inusitadas de expresión que, como acrobacias y malabares, pervierten los registros acostumbrados de la re-presentación. En esa intermitencia, el viaje anuda la trama de la novela superponiendo los territorios, mediante lo cual los personajes se desintegran para confluir en un acontecer ubicuo. Si en uno de los niveles textuales esto se puede admitir como tópico, la excursión se convierte en operador del diseño narrativo. Las distancias fingidas de las perspectivas cruzadas, los bordes de entradas y salidas aplazan, difieren no sólo las paridades de la semejanza sino la instauración de un fundamento ideal, desplazando los extremos en el pliegue de lo más cerca o de lo muy lejos. Si la lógica positivista, en el contexto del siglo XIX, se sostiene por medio de cálculos, proporciones y perspectivas, organizando la mirada de acuerdo con una jerarquía de niveles, escalas y sucesiones, los motivos y figuras de este viaje singular son agentes extraterritoriales de un sentido anárquico y explosivo por repartirse como las piezas furtivas del azar y por saltar las vallas de la coherencia perceptual. Hay algo en común entre ciertos episodios, como un hilo tenue y transparente que punteara itinerarios de una continuidad interrumpida. El encuentro de Clarke y su hermano, las travesías paralelas de los exploradores y el vagabundo como la casual *coincidencia* de las historias familiares de Clarke y Carlos –ambos adoptivos– expresan la circulación de las series cuya doble faz consiste en asumir la divergencia como el pliegue especular o cesura de los extremos. La línea del horizonte, la legendaria apertura de la Sierra de la Ventana, el agujero por el que consuman la fantástica huida Juana Pitiley y Cafulcurá, generan la doble entrada, el pasaje o tela frágil, como metáforas de torsiones y junturas entre lo sabido y lo inesperado, entre entradas y salidas interfundidas, entre las cuentas y el azar. La liebre materializa la cadena simbólica que urde los pasajes, los puentes: los amores suspendidos son intersticios que emergen como suturas e intervalos en la fabulación de la trama, y supeditan el impacto del desenlace a la sorpresa reservada por Juana. El conjunto de rumores y versiones que ella teje genera los desentendidos, que a pesar de las demoras, de los equívocos, avances laxos y retrocesos tardíos, filtra y condensa las presencias reales y continuas. Los rumbos que proliferan entre aciertos casuales y errores de cálculo despistan los indicios de lo verdadero o lo falso, esparciéndose más bien como series eslabonadas donde la repetición y el desplazamiento combinan cromatismos luminosos como prismas suplementarios.

> A la noche todo era fuego. En la clasificación universal, los mapuches eran una cultura de fuego. Lo encendían por cualquier motivo, y lo disfrutaban inmensamente. A cada paso, cerca y lejos, brotaban fogatas, antorchas, fogones y desplegaban suntuosos reflejos en los cuerpos de los salvajes, cuyo lujo nocturno era engrasarse de pies a cabeza. (p. 153)

Si hay reflejo hay repetición, pero no se trata de una reproducción automática y lineal sino de la repetición de la imagen a partir del desvío. Con la refracción ingresan las múltiples fases de un éxtasis de transformaciones. Y a propósito de mezclas y trans-fusiones, la cita que sigue refiere el juego de alianzas entre el inglés y los huiliches.

> Con su piel mate, sus cabellos negros que habían crecido desmesuradamente durante la expedición, su contextura sólida una vez engrasado y en cueros sobre el caballo, parecía un indio más. Incluso le gustó; le daba a todo el asunto un matiz carnavalesco, de fiesta de máscaras. (p. 197)

La diferencia excede los sentidos mediatizados de la representación. Aquí, la diferencia impugna lo pensable y lo posible de la nota conceptual, traicionando la convención y el presupuesto, produciendo, en su lugar, los efectos de identidades novedosas. Esta diferencia se constituye como acontecimiento, como demolición de las normas, de los códigos aceptables, como rito perverso obstinado en presentar naturalmente las novedades inagotables. La transacción entre repeticiones y diferencias que reponen desde el hurto original

los arcaicos atuendos salvajes incide en la puesta a prueba
de la identidad, sustituyendo la inmovilidad y la rigidez de
las meras contradicciones por el simulacro perpetuo que no
hace más que restituir la repetición de repeticiones. Tomán-
dolos como ejemplos, Clarke y Namuncurá o la figura de los
gemelos no pertenecen al orden de la generalidad, de la simple semejanza dada, puesto que en esa suerte de don que repite sus fisonomías se invierten –y pervierten– los rasgos de
identidad, se potencia el máximo de diferencia e impugna la
sustitución que legitima y devuelve al dominio de la similitud
o la equivalencia. Ambos rostros hacen efectiva la paradoja
de afirmarse simultáneamente como ecos y reflejos –desdoblamiento de repetición– y como efectos de lo único. En este
sentido, el trastocamiento de la "identidad" se produce con el
robo de las ropas convertido en don que afirma la presencia
de lo singular.

Aquí la procedencia de las formas es otra, desenvuelta en
el movimiento que no acata la ley de los sujetos incluidos,
prescriptos en el dominio de la coherencia o la contradicción.
Ahora los nombres son nuevos en el sentido de que arrastran
un fondo de permanencia o continuidad, más una superficie
donde aflora el ser de cada imagen –Clarke en taparrabos, su
hermano con pipa y sobretodo– en su retorno, en un devenir
que reserva la promesa de un regreso trastocado. Ambas figuras carecen de cualquier forma de identidad previa o constituida, construyéndose como estados que generan sus propias leyes sin recibirlas del exterior. Como en un espejo, los
gemelos enfrentados se demuestran la imposibilidad de distinguir modelo y copia a través de signos que disuelven el
rango o la categoría de fundación, destituyendo cualquier
instancia que establezca prerrogativas para la instauración
de la cosa originaria. ¿Qué es lo que permite que Clarke se
determine como inglés y se le ceda una genealogía acorde al
imaginario cultural de la tradición científica que parece con-
dicionarlo? ¿No parece como si este "marco", esta especie de
cobertura o exterioridad, se desfondara y estallara en fragmentos que amputan las direcciones prefijadas de las mediaciones? No es otra cosa que la ley de la casualidad y el azar
que dispone el punto de encuentro, el conocimiento, la nove-

dad de las posiciones en el laberinto de un desierto que prescinde de hilos conductores, desmembrando el orden previsible y manejable de la causalidad.

> Sólo entonces advirtió que había alguien sentado junto al
> fuego. No pudo menos que reconocerlo y por la red de su mal-
> tratado sistema nervioso estalló en un colmo de confusión.
> Allí estaba, y había alzado la cabeza para mirarlo [...] él mis-
> mo, un sosías perfecto, más parecido a él que él mismo pues
> llevaba sus ropas y fumaba su pipa. Un viajero inglés, un
> gentleman mientras él, desnudo y chorreando, debía parecer
> el más miserable de los salvajes. (p. 206)

El instante o el salto por el que la liebre puede transmutarse en leyenda, diamante tallado o itinerarios fortuitos de
encuentros casuales pone en crisis nada menos que el modelo categórico del fundamento, de lo real. Si el tiempo de por
sí es la carnadura de la fugacidad –lo que fue, lo que está
siendo gradualmente deja de ser, lo que será no es–, los cruces inesperados, los juegos de la sorpresa sin asombro de los
vínculos parentales desafían la percepción, la inteligibilidad
del mundo en la insólita ley del azar. Aquí se altera el orden
de la causalidad a través del desvío que anula el orden de las
proporciones, las medidas y los fines a los que Clarke esta-
ba habituado. La "revelación" ancestral que le ocurre a Clarke no lo devuelve al estado primitivo sino que activa el máximo de transformación del sentido normal que hace a los sujetos. Según este modo de mirar las cosas, la ironía del azar
puede así socavar los cimientos estabilizadores de la identidad, convirtiéndolos en nada más ni nada menos que peripecias feéricas, pulverizando la norma y la convención en espejismos ilusorios de apariciones y desapariciones.

La escritura construye un modo de neutralizar la inma-
nencia, a través de las constantes alusiones del narrador a
la fosforescencia y la fantasmagoría de las cosas, cruzándo-
las con historias familiares anudadas en una genealogía del
desvío y una repetición que reúne a todos los personajes en
pérdidas y encuentros comunes. Gestos, dobleces, reflejos,
ecos de la instantaneidad, pliegues paradójicos, signan ese

instante cuando el comienzo destituye cualquier noción cíclica como vuelta de lo anterior. La metamorfosis de Clarke pone en marcha la desmesura, el caos que no se restringe a sus códigos usuales. Ni padecimientos, ni dolor, ni pérdidas o ganancias. El derroche de tiempo no responde a metas ni a la organicidad de un trayecto sino al viaje que recorre sin avanzar y busca sin encontrar. Mejor dicho: ese itinerario que excede los esquemas convencionales descubre sin cesar objetos que se presentan desbordando la posibilidad de la representación o el re-conocimiento.

> Clarke creía ver el paso sinuoso de las liebres entre las patas de los caballos. Pero no habría podido señalar una en ningún caso. Eran sombras anticipadas de percepción que no se consumaban. Se devanaba los sesos pensando cuál era la clave del procedimiento. Quizá cada cazador se limitaba a pasarle la presa al que venía atrás por una fila lateral, y éste a otro, todo el tiempo. Si era así, se parecía a un juego de damas que fuera pura velocidad sin resultado. (p. 59)

La distribución delirante del espacio reparte las presencias de las cosas eximiéndolas de la hegemonía del centro. Aquí, los saltos *legibrerianos* son la prueba ilegible de la desmesura anárquica que abre los cercados de las designaciones excediendo la ley de lo que termina o separa. Llegado este punto, uno siente la tentación de evocar a Gombrowicz por su concepción de forma vinculada al torbellino de la vida en toda su intensidad, cuyos efectos excéntricos encarnan la paradoja de lo que se vuelve tangible franqueando la frontera de lo normal. Como catástrofe sardónica, la turbulencia inmanejable permite vislumbrar el atisbo de la creación de la forma o del procedimiento en tanto vida inmediata que oblitera la lógica de la mediación. En el desierto de Aira ingresan las perturbaciones nómadas y errantes para demoler –ante la absorta mirada de Clarke– la estructura jerárquica de la representación y la percepción. El lugar se genera como pliegue y zona borrosa; así, como espacio que se ramifica en dimensiones laterales, circulares y laberínticas nunca aparece como dicotomizado sino más bien como entrecruzamiento, bifurcación y ruptura que rebrota en algún otro lado porque un rizoma "vuelve, puede ser roto, interrumpido en cualquier parte pero siempre recomienza según esta o aquella de sus líneas, y según otras":[1]

> ¿Va o viene? –Eso sí que no lo sé. A ver... si se desplaza de izquierda a derecha es que avanza en dirección a nosotros, si es al revés, seguramente nos va a cruzar sin que nos demos cuenta y de pronto lo vamos a tener del otro lado, a cualquier otro lado, porque eso depende de dónde estemos nosotros... ¡Qué lío! Deberíamos hacer un horario para marcar las posiciones relativas en negro y blanco. Me hace temer que estemos perdidos. (p. 185)

Más allá de connotar el gesto lúdico de la especulación y la conjetura, la cita apuesta al devenir de las series que como operador simultáneo de variables y repeticiones traban el enlace entre el espacio y la genealogía. Jugando a la fuga y al robo, aun los linajes no hacen más que formar el sesgo furtivo que desaloja los objetos del lugar de lo pensable y de esas posiciones y estrategias dislocadas, que hacen derivar otro eslabón más en la serie de desacomodos y reposiciones fútiles: el efecto del cuento, el acto mismo del narrar. Porque más que tratarse de probar los parentescos biológicos, lo que acá se implica son los encuentros repentinos impulsados desde los relatos urdidos por los personajes. Aquí, entonces, el desierto o la pampa, exagerando su incesante parloteo, tuerce el carácter legendario del silencio vacío y abismal. Ya no es la extensión inconmensurable y pavorosa que azoraba los ojos del conquistador sino el *tablero lúdico y el escenario donde las cosas toman la equívoca y real forma de las palabras, de las historias referidas.* Ligado a esta cuestión de las "identidades", "Repetido", nombre del caballo que Rosas le prestó a Clarke, es el mismo de Cafulcurá; y es en este cruce donde se genera la repetición que arma la historia e insinúa la diferencia. Si los caballos posibilitan el cruce de los

---

1. G. Deleuze y F. Guattari, ob. cit., p. 22.

personajes, también ponen énfasis en la zona donde la diferencia se esconde y se muestra: Clarke hereda la contextura
física de Cafulcurá pero, sin embargo, viene de otro lugar. Si
entonces hay una lógica, es la de la alteración por la que el
sentido es potenciado a partir del gesto ritual de la dispersión, el movimiento y la velocidad.

> Allá iban! Allá venían! pero ni iban ni venían para Clarke,
> cuyo punto de vista no sólo se desplazaba sino que en la
> práctica se transformaba. (p. 60)

Esto supone un punto de inflexión como deslizamiento y
amalgama entre puntos o nudos seriales donde el lenguaje
penetra a través del curso desdoblado y prismático de los sucesos. Como derrame y profusión del acontecer, lenguaje y
espacio realizan una mutua transfusión de retornos y deve-
nires, incidiendo sobre lo real y lo presente en tanto figuras
del eterno simulacro.

LA LIEBRE Y LOS EXOTISMOS DEL LENGUAJE

El uso de las cosas, los sentidos que esquivan su propiedad definitiva, intensifican la vida misma de los relatos. Descartando las correspondencias taxonómicas constituidas por la mediación entre objetos y palabras, Clarke derrocha posibilidades de leer en la naturaleza "ciertas" marcas monstruosas, siniestras, que sus máquinas artificiales le proporcionan, por ejemplo, en la práctica del cromatógrafo. Ahora bien, si el dispositivo niega la "blandura" pasiva de una naturaleza que estaría aguardando, exterior, una mirada, el artificio ingresa por una arista gestual de quien lo efectúa, sin proyectar un resultado o una meta. Pero también esto asume dos modos de mirar que enfrentan al Cónsul y a Clarke: uno permanece en actitud contemplativa frente al crepúsculo, el otro se involucra con sus técnicas ociosas.

No bien estuvieron ubicados, Alvarito Reymacurá puso los ojos bizcos, con una torsión de las pupilas que parecía sobrehumana, y los fijó en el suelo. Era una marcada señal de cortesía, que pocos habían tenido hasta ahora con Clarke. (p. 43)

Desde esta perspectiva, el bizqueo marca o dispara un irrisorio gesto de contravención según el cual la torcedura borra las marcas ostensivas. En otros términos, diría que los senti-

dos se cruzan y multiplican como formas de vida de acuerdo
con el contexto, con el tejido cultural de acciones distintas.
Aquí, los sistemas simbólicos dependen de las relaciones mediante las cuales los hombres enlazan la representación de
cierto contexto, reenviando desde la función del uso al énfasis puesto sobre el juego, el aspecto dinámico y creativo del
lenguaje. Así, para los indios de la novela, el gesto de bizquear
instala una significación determinada por reglas según las
cuales distintos modos de expresar dependen de la convención, del uso. Pero el gesto de cruzar los ojos signa una "doble" instancia: por un lado, el sentido autorizado según pautas y criterios contextuales –Clarke manifiesta dificultades
para interpretar al indio–. Por otra parte, si el efecto del bizqueo implica la reduplicación distorsiva de las imágenes, se
subvierte la jerarquía figurada del sentido Uno. Ahora bien, si
se piensa en el punto de desequilibrio o alteración que la mirada cruzada supone, se está rozando el problema del límite.
Zona de borde, frontera de lenguaje, constituye el espacio de
ruptura contra los sentidos "claros y distintos".

> Pues bien: mire nuestro cielo negro e inmutable, nuestra
> roca. Es exactamente lo mismo. Los puntos de oscuridad
> reemplazan a los puntos de luz. (p. 171)

De cierta manera, la opacidad del margen es atisbo del
sentido, vislumbrando el silencio o el mutismo en la continuidad de lo legible. Por otro lado, la polisemia pone en conflicto la autoridad del nombre, la "ley" del límite.

> Una ley –prosiguió Cafulcurá– es la que proviene del legis-
> lador; lo otro es lo que ya está en la naturaleza y que se lla-
> ma ley sólo por extensión. –O viceversa– se atrevió a sugerir
> el extranjero que sabía que la palabra mapuche para "ley"
> significaba otras muchísimas cosas, entre ellas sin ir más le-
> jos, "atreverse", "sugerir", "extranjero", "saber", "palabra",
> "mapuche". (p. 36)

En este pasaje asoma el sesgo paródico según la elástica
noción que de parodia tiene Gombrowicz. Porque el carácter
de procedimiento que detenta esta especie de chiste forma

un lenguaje reticulado al caer deliberadamente en la trampa de la traducción. Esta traducción que el narrador intenta da vuelta su costado objetivo para quedar atrapado en una costura sin exterior, en algo que permanece dentro del lenguaje, continuando la aporía festivamente cínica de una ilusión referencial. Pero aquí las alusiones de las palabras consisten en volutas evanescentes más que en la pluralidad determinada de los signos. Así, lo que las obstinadas prácticas tribales insinúan no es tanto la polisemia, pues ésta se abstiene de la perversión descentrada que la inmediatez del lenguaje hace funcionar. Acá no hay una distribución proporcional entre el campo de las palabras y sus posibilidades de uso y relación; las figuraciones del lenguaje quedan exentas de los giros codificados que las normas y cláusulas imponen. Como elenco cambiante y volátil de las cosas, el lenguaje adopta el disfraz fantasmático de la perpetua cadena de reenvíos y transformaciones.

> Las formalidades, las traducciones intrínsecas eran el corazón mismo de las lenguas mapuches. Por eso ellos tenían un viejo proverbio sapiencial en el que se encerraba la clave de todas sus políticas: "Limítense a hablar"... Ponerse bizcos, mirar al suelo, eran sólo una parte de su entendimiento. Lo otro lo ponían las palabras. (p. 161)

Precisamente, esto no hace más que llevar al extremo la teoría por la cual Wittgenstein desconocía la existencia de algún "lenguaje extralingüístico" que diera cuenta de sus mecanismos.[1] Por otra parte, la traducción se pliega como instancia significante a través de lo poético que los cuentos vislumbran.

---

1. A partir de las *Confesiones* de San Agustín, Wittgenstein postula que la esencia del lenguaje humano es la nominación de objetos, añadiendo la facultad de uso y empleo inherentes al lenguaje. De este modo, la memoria facilita la actuación y comunicación aunque no todo lenguaje se circunscriba a este sistema de representación. Wittgenstein proyecta el uso de las palabras como *proceso* signado como modalidad de juego. Así, los "juegos de lenguaje" forman un

Lo cierto es que uno de nuestros cuentos es sobre una liebre que correteaba por la llanura, huyendo de un caballo lo-
co que se la quería comer, cayó por un agujero. Cayó y cayó,
y cayó en la oscuridad y los ojos se le hinchaban y veía escenas que son una parte importante del cuento, pero no voy a
aburrirlo; al llegar al fondo del pozo se había transformado
en diamante. La traducción naturalista del cuento debe estar
relacionada con la transformación del carbón en diamante,
por efecto de la presión... pero ahora que lo pienso, ahí tiene
una buena aplicación de lo que le decía antes: el astro en el
fondo del pozo, la transmutación de lo opaco en transparente, la carrera de las palabras detrás del sentido. (p. 173)

El sentido se desplaza a través del lenguaje poético; la fábula juega a ocultar el referente haciendo del sentido y el viaje una misma metáfora de búsqueda y desvío. Pero es notable que viaje, sentido y relato son términos de una constelación donde los signos se propagan como fulgores de una continuidad fragmentaria, en vez de ser indicios correspondientes de una cadena inequívoca de asociaciones. El pasaje inscribe esta topografía del desierto, en tanto pozos y agujeros,
orificios y cavidades marcan la escritura de un reverso inconcluso, inacabado. Por ello este espacio así escrito y mar-
cado signa el doble y paradójico recorrido entre los destellos
coincidentes de la negrura y la luz. No es difícil reconocer en
esa incesante metamorfosis los ecos de la Alicia de Carroll,
por cuya monstruosa peregrinación encuentra los secretos
del lenguaje en las canciones de la locura o en los juegos vo-
cálicos del ciempiés. La literalidad del canto animal, lejos de

---

todo entretejido de *acciones* ligadas a los procesos de nombrar y re-
petir palabras. Así, lo que éstas designan se muestra en el modo de
uso, cuya expresión forma parte de la descripción. Allí donde Wittgenstein observa el problema filosófico, surge la diversidad de funciones entre palabras, al modo de la caja de herramientas o de una ca-
bina de locomotora, a pesar de las semejanzas aparentes. En este
sentido, nuestra *subjetividad* forma grupos, clasificaciones y géneros
de palabras con determinadas finalidades. Véase Ludwig Wittgenstein, *Investigaciones filosóficas*, Barcelona, Grijalbo, 1988.

ser la reduplicación directa, es más bien la repetición instantánea y singular por la que brota el máximo de diferencia. Así las cosas que la voz traza con sus compases remite a la serie dispar de la repetición, sea en los mellizos o en el remedo artificial de las rosas pintadas en los naipes de la reina. La grafía intersticial, los huecos o pliegues, signan el vacío o la superficie por donde los signos ruedan furtivos diseñando sin plan un itinerario azaroso. El cuento de la liebre que los indios evocan toma también el rumbo de versión, por lo cual lo traducible no sólo desvía el referente a través de la metáfora sino que nivela la tradición positivista con lo legendario. Y en este juego de con-versiones y nivelaciones quedan abolidos el arriba y abajo, desalojando al astro del lugar ideal en el firmamento.

En Aira la asignación de nombres provoca un efecto de extrañamiento, marcando la proximidad inmediata, lo instantáneo de las acciones realizadas y el modo de designar. El arroyo que Carlos Álzaga Prior –una de las sorpresas familiares que el viaje reserva para Clarke– bautiza como "lluvioso" signa la circulación intermitente de los mensajes tribales, interferencia que no es ornamento circunstancial sino que constituye a los indios en formas de pasaje ritual. La irradiación de las voces exaspera el límite de lo legible en territorio donde se borra la precisión, y el espionaje queda cifrado como práctica lúdica y fórmula convencional, cuyas asiduidad y desmedida frecuencia hacen perder de vista la función primordial. Los espías transforman el goce de la guerra en máquina de traducir sucesos, frases y sentidos. Espiar es "ver", "leer" las informaciones que circulan y proliferan en un teatro de delirios en detrimento de cualquier objetivo bélico. Por otra parte y con relación a la traducción, la referencia a una doble serie entre "juego" y "caza" advierte el operador metafórico, el pacto tácito entre persecución, fuga y captura, cuya supuesta coexistencia neutraliza la funcionalidad sinónima por la interferencia significante. Así, "game" o "gibbier" son palabras a las que acuden Clarke y Carlos para poner en discusión asuntos de adecuación lingüística, cifrando en la liebre una suerte de frontera por donde se realiza la deslectura de las claves emblemáticas y se piensa en la lengua co-

mo el viaje de la interpretación que no llega al último término. Hay en Aira cierto registro de literalidad superficial por
la contralógica que subvierte el orden canónico de un centro
por las casillas y pasadizos, ventanas y cavidades donde la
liebre asoma y se esconde con distintas formas. Si el comienzo de la novela narra la búsqueda de un esquivo animal, hacia el final se potencia el extravío a través del cual tan sólo
el azar marca las sendas comunes que cruzan y reúnen a
Juana Pitiley, a la Viuda de Rondeau, a los viajeros y a los
indios. Los diagramas geométricos, los interminables razonamientos topográficos, se generan como puntos aleatorios
donde la combinatoria de ecos especulares o el juego inexpli-
cable de ausencias y presencias, apariciones y desapariciones, se funden en la materialidad de rastros difusos y registros de rumores vagos. Acá, la "interpretación", por la que
Clarke se devana, se genera como proceso que busca y deja
huellas, marcas en un punto de cruce donde coinciden las líneas de llegada con las líneas de partida, un sistema en el
que la clave es la forma de algún cristal donde se funde lo
alejado con lo próximo.

EL ENTENADO. MARCAS DEL OLVIDO

Ya nunca volveré a sentirme en mi casa.
CLAUDE LÉVI-STRAUSS, *Tristes trópicos*

Si la escritura supone un proceso en movimiento perpetuo hacia lo real es porque procura representar las astillas de una experiencia que se desliza entre la representación y el acto evanescente que frustra su posibilidad de ser retenida.[1] En este sentido, la metáfora del retorno figura los lapsos inasibles, los instantes fugaces e inacabados, realizando desde esta concepción de tiempo una noción del género historiográfico. Los destellos emergentes y residuales del acto

1. Conociendo y explicitando la influencia de Derrida en los razonamientos sobre la escritura, Noé Jitrik lleva el problema hacia la escritura como práctica y, destituyendo las barreras de la evidencia, marca su devenir como objeto de conocimiento. Cuando Jitrik inscribe la filiación de la palabra 'objeto' a la experiencia fenomenológica y marxista, reconoce la impronta científica que transforma lo evidente en una cognoscencia posible, vinculándose a las teorizaciones (según creo) de Pierre Macherey. Problematizando ciertos conceptos, por ejemplo, *lo previo*, el teórico y crítico argentino descarta la idea de escritura como hacerse fuera de toda referencialidad, aunque advierte el riesgo de homologar el concepto de lo previo al de referente. Así, lo primero concierne a un sistema de saberes y a una masa de imágenes acumuladas en desorden, en estado de inminencia. Al sujeto que escribe le está deparada la tarea de transformar lo previo en eso otro que conservará trazas del desorden en

de escritura en presente y la puesta en escena de los fulgores hacen coincidir como fragmentos el pasado y el porvenir,
subvirtiendo la lógica racional de los mecanismos de causalidad. Así, la proyección de espacio y tiempo deviene azar y
fantasmagoría por lo que, en tal sentido, el viaje no sólo es
tópico y motivo literario; el viaje y la escritura son operaciones complementarias en tanto prácticas de pasaje y umbral
que permiten vislumbrar la reposición de las leyes del inconsciente.[2] Complementaria con esta doble operación, la fi-

---

el ordenamiento de la significación. Como instrumento de estructuración y reajuste, la significación supone además una tendencia
incesante, inagotablemente opuesta al acotamiento del significado
y, asimismo, la transformación en letra hace posible que, donde las
cosas se pierden, se ordenen para desordenarse en otro lugar. Me
resultó de gran utilidad el énfasis que marca Jitrik respecto de la
variante lacaniana en lo que respecta a la escritura, ya que subra-
yando la metáfora barrada del hueco entre significante y significado señala la teoría del deseo (no lingüística), adecuada, para abordar los problemas de la escritura en la conversión del signo al significante: suturar la falta. En respuesta a los dilemas que ofrece el
campo literario, Jitrik distingue dos registros posibles de la significación: la poesía de impronta mallarmeana, donde se ensaya la
destrucción del lenguaje, y la ilusión mimética de la reproducción.
Si la primera racionaliza la estrategia de la ruptura, la segunda deposita el saber de lo real en una *imagen* de lo representable. Véase
Noé Jitrik, trabajos en mimeo ofrecidos en el marco de un seminario de posgrado que dictó en la Universidad Nacional de Mar del
Plata durante el segundo cuatrimestre de 1993. Véase también del
mismo autor, "Escritura y trabajo crítico", en *Temas de teoría. El
trabajo crítico y la crítica literaria* (México, Premiá, 1987), y "La lectura y la escritura en su entrecruzamiento", en *Lectura y cultura*,
México, UNAM, 1988.

2. Retomando las teorizaciones de Freud, De Certeau subraya que
el pasado regresa subrepticiamente acechando al presente de
donde fue excluido. En este sentido, está lejos de considerar el olvido como mera pasividad puesto que, si bien constituye una acción contra ese pasado, éste vuelve siempre a través de escenas
distintas, disfrazándose desde las huellas del recuerdo, desde la
ley del otro, de lo rechazado. Véase Michel de Certeau, *Historia y
psicoanálisis*.

gura de la frontera advierte ciertos signos catastróficos, un sismo perpetuo que alterna entre la suspensión del instante y las proyecciones futuras. Por lo tanto, esta ruptura que devuelve al instante el espesor de una iluminación fugaz, o la funcionalidad disparadora que entrcvé el antes y el después, marca un punto de inflexión respecto del género historiográfico.[3]

3. Es interesante reflexionar acerca de cómo se expresa la concepción de la historia en Walter Benjamin desde la noción de tiempo y su experiencia por la dialéctica del pasado-presente. En *Iluminaciones/2 (Baudelaire)* (Madrid, Taurus, 1972), por ejemplo, Benjamin traza una gama de personajes que conforman el escenario de la capital del siglo XIX y que convergen en esa experiencia interactiva del instante, de la fulguración, del shock reminiscente. De este modo, las figuras de la bohemia, la conspiración blanquista de las barricadas y la conspiración poética desde la automarginación del mercado, evocan la expresión pasional y heroica que en Benjamin constituye el sujeto histórico de la modernidad, allí donde el *flanêur* y la modernidad transmiten en sus experiencias el vínculo indisoluble, paradójico, entre disciplina y barbarie, progreso y regreso, modernidad y arcaísmo, como contradicción del desarrollo urbano en detrimento de los habitantes cuyo modo de vida pugna entre el control, la normatividad y el ahogo. Por su parte, José Sazbón ("Historia y paradigmas en Marx y Benjamin", en Nicolás Casullo y otros, *Sobre Walter Benjamin. Vanguardias, historia, estética y literatura. Una visión latinoamericana*, Buenos Aires, Alianza, 1993) advierte que es la "interrupción mesiánica del tiempo lo que cuestiona una concepción historicista del desarrollo social, es el «salto de tigre al pasado» que se opone a la noción de tiempo homogéneo y vacío, a la cotidianidad rutinaria, o al tiempo generativo pensado como linealidad, uniformidad parasitaria". Mediante la ruptura del continuo histórico en Benjamin, Sazbón señala la proyección de Robespierre en Roma como una suerte de retorno de un pasado cargado de tiempo "ahora". Asimismo, puntualiza la filiación de esta idea en el pensamiento de Marx expresado en *El 18 Brumario de Luis Bonaparte:* "La adecuación paradójica entre la creación de lo nuevo y la recuperación de lo arcaico", vislumbrado en el gesto de los revolucionarios burgueses que adoptan un lenguaje prestado de los disfraces del pasado para representar las escenas de la historia universal. En este sentido, cuando

En tanto novela autobiográfica, *El entenado* articula un lugar sobre una serie de vínculos y polémicas en el cruce con la historia, situándose ante un repertorio "referencial" y alojando además cierta actitud relacional con proyecciones de un pasado a contraluz del presente.[4] Y como registro fun-

---

Sazbón habla de límite, remite al acuerdo tácito postulado por Benjamin entre las generaciones pasadas y la actual. Esto es lo que se define como la dialéctica benjaminiana regida por la intermitencia de los reenvíos simultáneos, "de un solo golpe" del ahora y lo transcurrido. En concordancia con los conceptos antedichos, Jürgen Habermas sostiene la impronta del eje "ahora" que en la conciencia benjaminiana del tiempo invierte la orientación hacia el futuro que caracteriza en general a la modernidad, volviéndose como gesto redentor hacia el pasado oprimido. Precisamente, el concepto que el filósofo privilegia para marcar la radicalidad del pensamiento de Benjamin sobre la conciencia histórica es el de progreso. Así, la mirada que se orienta al futuro desde la actualidad repone el pasado en una trama de influjos históricos del acontecer. Y, desde esta perspectiva, Habermas señala en *Tesis de filosofía de la historia* de Benjamin la diferencia fundamental entre el enfoque historicista –que asume la imagen eterna del pasado– y el materialista histórico –que hace del pasado una experiencia única–. Con Benjamin advertimos que si la modernidad coagula el progreso como norma histórica, se elimina la cualidad de lo nuevo. La mirada que se desdobla o, mejor dicho, que se orienta al futuro y al pasado desde el presente, es lo que Habermas describe como la iluminación profana del shock, el instante auténtico de una actualidad innovadora que interrumpe el continuo discurrir de la historia. Véase Jürgen Habermas, *El discurso filosófico de la modernidad*, Buenos Aires, Taurus, 1989.

4. Abocado al análisis estético, Bajtín procura entender la especificidad del objeto artístico y su estructura, a la que prefiere llamar "arquitectura del objeto estético", enfocándola en su realidad cognitiva e integral, donde todos los aspectos la conforman como fenómeno de lenguaje. Sin embargo, señala Bajtín, debe tenerse en cuenta que cada forma arquitectónica se realiza a través de ciertos procedimientos compositivos que son los que organizan el material, para lo cual constituye de suma importancia la objetivación de las formas estéticas, debiendo explicar sus formas híbridas e impuras. Así, desde el punto de vista filosófico y existencial, lo que sostiene la productividad de determinada teoría estética es la importancia que subraya los fundamentos de la estética general sistemática que puede ver su

dante del yo, la autobiografía repara en los límites que demanda el régimen de verdad textual, advirtiendo sin embar-

---

interdependencia e interacción con todos los demás dominios de la
creación cultural, "en la unidad de la cultura y del proceso histórico
de formación de la cultura". De este modo Bajtín enuncia enfática-
mente que la historia no conoce series aisladas puesto que, como tal,
una serie aislada es estática. Por lo tanto, sólo el establecimiento de
una interacción y un condicionamiento recíprocos entre una serie
con las otras genera una concepción histórica. Por la lectura que de
Bajtín hace Nicolás Rosa y el impacto que aquí produjo una de las
frases del teórico ruso, creo conveniente transferirla de manera literal: "Para entrar en la historia hay que dejar de ser uno mismo". Tratando de sustituir la falta de una base científica sólida que según
Bajtín afecta al formalismo ruso –dado que en su concepción la estética material aísla al arte en la cultura por dejar a la técnica despro-
vista de carácter histórico–, pone de manifiesto que el problema de
todo dominio de la cultura –es decir, conocimiento, moral, arte– puede ser entendido como un problema de fronteras, anticipando, como
veremos, la productiva noción de interferencia que Rosa desarrolla
en forma magistral. Así, para Bajtín el dominio de la cultura carece
de territorio interior por estar constituido, atravesado y recorrido en
cada uno de sus aspectos por las fronteras, dando lugar al concepto
de autonomía participativa. Con esto deja sentado que el acto creativo cultural deja de ser un hecho desnudo y adquiere significación por
devenir como una suerte de mónada que refleja todo en sí misma y
se refleja en todo. Estos conceptos nos pueden ayudar a pensar la categoría de exotopía que Nicolás Rosa extrae y reelabora a partir, precisamente, de las teorías de Bajtín. La extensión de las notas, como
en este caso, sólo pretende dar cuenta del modo más completo posible de determinadas problemáticas en un contexto determinado; por
ello se hace necesario, particularmente en Bajtín, realizar un enfoque
histórico del problema de los géneros. Así, el eminente teórico sostiene que la antigüedad ha creado una serie de formas autobiográficas
y biográficas que han ejercido un impacto considerable en lo que respecta a la evolución del género de la novela europea. En la base de
estas formas se inscribe el nuevo tipo de tiempo biográfico y la nueva imagen, específica, del hombre que recorre el camino de su vida.
Hasta aquí surge una remisión al motivo central de mi trabajo, el viaje, y específicamente en Bajtín esto define un modo de problematizar
los distintos esquemas genéricos heredados de Platón y Plutarco: el
cronotopo. Así, mientras el primer tipo está conectado a la metamorfosis mitológica y al pasaje entre ignorancia, escepticismo y autoco-

go que son esas exigencias las que producen el deslizamiento de la escritura hacia zonas no tan demarcables. Situada

---

nocimiento, el segundo determina el discurso de la defensa propia o
el encomio. En este sentido, si en el primero de los casos el cronotopo
divide la vida del "buscador" en períodos o estados, disolviendo en
consecuencia el tiempo biográfico real, el segundo tipo radica su sentido en el "cronotopo externo real" mediante el cual se representa la
vida propia o ajena como acto cívico-político. En cuanto acto verbal
de glorificación pública, manifiestan el problema acerca del modo de
enfocar la vida, de la admisibilidad de la autoglorificación, lo cual pone de relieve la posibilidad de enfocar, con la misma actitud, la vida
propia y la ajena. Esto presenta una correlatividad con la especificidad estética, definida por Mijaíl Bajtín como lo que entra en relación
con lo ético y lo cognitivo en la unidad de la cultura humana. Véase
Mijaíl Bajtín, *Teoría y estética de la novela.*
    Siguiendo los derroteros de esta posición teórica, Bajtín orienta
La estética de la creación verbal hacia la filosofía estética general,
superando de este modo las generalizaciones positivistas-cientificis-
tas de los formalistas rusos quienes basaban en la materia los criterios de autonomía artística respecto de otras esferas. Así, reconoce las definiciones de autor y personaje como correlatos de la "totalidad artística", pero somete esta interrelación a necesarios niveles
de distinción. Para referirse a esta unidad sobre lo que insiste, Bajtín afirma que se trata de una extraposición puesto que, si bien el
autor dirige a su personaje, los valores cognoscitivos y éticos ya no
pueden ser momentos conclusivos. "Es imposible que uno viva sa-
biéndose concluido a sí mismo y al acontecimiento; para vivir, es necesario ser inconcluso, abierto a sus posibilidades". En este sentido, el saber y la mirada del autor apuntan a direcciones que el hé-
roe sigue pero también a otras que les son inaccesibles. En consecuencia, la fórmula general de una actitud global y estéticamente
productiva consiste en una colocación desde fuera, espacial y tem-
poralmente hablando, de los valores y del sentido, dotando al personaje de una realidad que no es esencial y eximiéndolo de la caución de culpas y responsabilidades. Esta colocación permite ensam-
blar al personaje y su vida mediante esos momentos de por sí inaccesibles. No por casualidad el personaje autobiográfico enfatiza la
desviación de la actitud autoral según la cual el autor se convierte
en otro respecto de sí mismo, excede los límites de su personalidad
colocándose en otro plano. Debe lograr verse con los ojos de otro, lo
que de hecho hacemos en la vida cotidiana: valoramos y compren-
demos a través del otro. "Pero todos estos momentos conocidos y

en una perspectiva positivista, la historia naturaliza su vin-
culación con fuentes y documentos porque privilegia, en su

---

anticipados a través del otro se vuelven inmanentes a nuestra conciencia como si se tradujeran a su lenguaje, sin lograr consistencia
ni independencia, o sea, no salen de la unidad de nuestra existencia siempre orientada hacia el futuro acontecer y nunca satisfecha
de sí misma" (p. 23).

Se trata de regresar hacia uno mismo mirándonos con los ojos
de otro, determinarse a sí mismo dentro de los valores ajenos o ver
en sí mismo la alteridad; de cualquier forma, cuando un autor-per-
sona cede al proceso de objetivación, nunca tiene lugar el regreso lineal, homogéneo y total hacia el yo. M. Bajtín, *Estética de la creación verbal*, Madrid, Siglo Veintiuno, 1990.

Respecto del género (auto)biográfico, Rosa tiene una postura interesante y polémica. Ubicado en una perspectiva lacaniana, niega
que el yo sea un *shifter*, en vez de lo cual esa primera persona instaura el *polemos* de las lenguas como acto de expropiación del lenguaje. En otros términos, si "cuando alguien escribe yo escribe al yo
en su escritura y al mismo tiempo escribe la escritura del yo", decir
"yo" supone el acto simbólico que funda la elocución como acto y, a
la vez, al sujeto con la propiedad del enunciado. A propósito de los
límites del secreto o la reticencia, si antes en Bajtín veíamos cierta
excedencia narcisista por parte de algunos rétores de las plazas pú-
blicas, para Rosa la autobiografía es aquella parte de la literatura
que escamotea su nombre aunque siempre bordea aquello que quizá debería permanecer vedado, escondido. Desde un punto de vista
taxonómico, la autobiografía comparte zonas indeterminadas, es decir, imposibles de clasificar jerárquicamente, con las memorias, las
confesiones, el diario íntimo, la biografía, etc., por lo que admite como aporte fundamental el planteo bajtiniano que no establece separación entre biografía y autobiografía –por realizar valores bio-gráfi-
cos–. Así, en tanto que Rosa considera que Bajtín es fundamental
porque confiere al tiempo la construcción del yo, comenzamos a percibir el contraste con la teorización de Philippe Lejeune. Voy a expli-
carlo mejor. Por un lado, la categoría bajtiniana de autor-contempla-
dor-exotópico tiende a desconstruir el carácter unitario de la entidad autor y de la entidad personaje, postulando en términos feno-
menológicos una escisión entre sujeto y acto y suponiendo de este
modo la base de una concepción dialógica. Por otro lado, Lejeune se
ubica en una dimensión discursivo-pragmática al otorgar al proceso de enunciación una congruencia exacta entre autor, narrador y
personaje, lo cual daría como presupuesto cierto orden de autenti-

concepción de los hechos, el imaginario de lo dado.[5] Pero
una perspectiva actualizada asume la idea de práctica o
producción, neutralizando así la noción de verdad tomada
como entidad positiva.

_____

cidad del texto, como deuda contraída con las corrientes teóricas de
la pragmática textual, tributaria de la filosofía analítica. A la aporía
suscitada por un mismo uso de procedimientos tanto en la autobiografía como en la novela autobiográfica, Lejeune propone la categoría
del "pacto autobiográfico" que, afirmando textualmente la identidad
entre autor, narrador y personaje, estaría certificándola por el nombre del autor en la tapa del libro. El problema que esto no resuelve
radica en un grado de empirismo que no tiene en cuenta la mediación
del autor por el narrador y/o personaje pero, además, implica una
búsqueda de identidad en los hechos –reales y/o referidos– que omi-
te la incidencia del valor imaginario. Así es como se le consigna al lector la responsabilidad de garantizar los problemas de fidelidad (semejanza) y los de autenticidad (identidad), por lo que el pacto consiste
en una convicción y una estrategia que aseguran al lector las posibilidades de identificación. En efecto, los títulos eliminan la duda sobre
el hecho de que el yo remita al nombre del autor. Véase Nicolás Rosa, *El arte del olvido*. Para abordar el género de la autobiografía, también me resultó de gran utilidad consultar a Jean Starobinski ("El
progreso del intérprete", en *La relación crítica*, Madrid, Taurus, 1974)
para quien, si el estilo implica una huella individual ligada a un modo particular de elocución, es porque supone un valor autorreferencial que remite al "momento de la escritura del yo actual". Dado que
el estilo se vincula al presente, la evocación del pasado se encarna en
la actualidad de la conciencia, por lo cual la narración es autointer-
pretación. Pienso con Starobinski que esto subyace al "principio de
falsificación o deformación" que es el estilo, potenciar las proyecciones imaginarias sin referencia del yo. Apoyándose en Émile Benvenis-
te, Starobinski propone postular la autobiografía como entidad mixta
por cuanto en ella convergen tanto la historia como el discurso.

5. En *La escritura de la historia*, Michel de Certeau evita la ilusión
dogmatizante propia del discurso que pretende hacer creer que está
adecuado a lo real. El nuevo examen de la operatividad historiográfica ya no mantiene con el pasado una relación de lectura o interpretación sino que desemboca, por el contrario, en el problema político
–con qué procedimientos la historia se hace y qué es lo que elige res-
guardar o enaltecer mediante ellos– y en la cuestión del sujeto –cuerpo y palabra, quién y desde dónde se enuncia–. En la historiografía,

Si, por un lado, la novela que nos ocupa deja asomar los rastros de una doble inflexión entre discurso del sujeto y discurso del objeto, la escritura desplaza, entonces, el cen-

---

señala De Certeau, la ficción se encuentra en el producto de la manipulación y del análisis, porque la explicación del pasado nunca deja de marcar la distinción entre el aparato explicativo, que es presente, y el material explicado. En este sentido, una racionalización de las prácticas y las técnicas que permiten manipular la complejidad del presente se combinan en el texto para realizar simultáneamente la "reducción" científica y la metaforización narrativa de las estrategias de poder características de una actualidad. Lo real que se inscribe en el discurso historiográfico proviene de las determinaciones de un lugar, es decir, su punto de partida lo constituyen determinaciones presentes. No se puede suponer, como lo sostiene una mirada "tradicionalista", que un comienzo más antiguo explicaría el presente. Por lo tanto, la *producción* es su principio de explicación puesto que la investigación histórica toma todo documento como síntoma de lo que la ha producido, cuestión de la que el francés se ocupa de indicar su insita y enriquecedora dificultad, respecto de la necesidad de aprender del mismo producto que tenemos que descifrar, el "encadenamiento de los actos productores". De este modo, queda suficientemente subrayada la impugnación a una idea de "verdad de los hechos" conforme al "orden natural de las cosas", presentándose el problema de una manera distinta a partir de que la *verdad* cambia de condición, dejando de ser lo que se manifiesta para convertirse en lo que se produce y adquiere. Es preciso resaltar aquí el influjo de las concepciones marxistas, especialmente de las *Tesis sobre Feuerbach*, acerca de la producción que, en tanto "objeto, realidad o mundo sensible", depende de la actividad humana concreta, de la "práctica" y de su colocación como primer hecho histórico: la producción de medios para satisfacer las necesidades elementales. La idea de producción supera la noción de causalidad remitiendo el hecho a lo que lo ha hecho posible –proyectando la cuestión de la génesis– y otorgando la prerrogativa a la formación de series, lo cual implica no tanto un concepto lineal de orden sino más bien uno más amplio y complejo, el de temporalidad. En parte, tal como lo señala De Certeau, a Foucault le debemos la crítica de la ambigüedad inherente a los sistemas de interpretación, orientados a destacar las unidades de medida en tanto conjuntos sancionados por una época, es decir, en tanto coherencias recibidas susceptibles de fundar una periodización. Todo ello supone la reintroducción de la ideología como una re-

tro ocupado por el referente (los hechos) para dejar entrever la operatividad que pone en funcionamiento la interfe-

---

ferencia y ya no como una realidad. Implicada por los procedimientos
que le son propios, la ideología le asigna al que hace historia los medios de captar una afirmación de sentido en el modo de su propia actividad. "Lo que desaparece del producto aparece en la producción"
privilegiando, de esta manera, el hacer historiográfico en lugar del dato histórico. De lo que aquí se trata es de dos posiciones que enfrentan el interrogante de lo real y escinden el proceso científico: lo real
como conocido (lo que el historiador estudia y comprende con el afán
de "resucitarlo" de una sociedad pasada), y lo real implicado por la
operación científica (la sociedad actual al quehacer del historiador, la
problemática de índole subjetiva en función de determinados procedimientos que afectan la práctica del sentido). La ciencia histórica se
apoya en su relación mutua. Así, tanto el polo que tiende a concebir
lo real como lo pensable, según unas condiciones de comprensión, como el otro que persigue llegar a "lo vivido", señalan la posición ines-
table que ocupa el historiador dada la doble implicancia entre el objeto de decir lo otro y los efectos de su propio trabajo, puesto que el
condicionamiento y la presión repercuten recíprocamente en el pasado (el objeto) y en el presente (la operación discursiva). La tensión a la
que aludía alterna entre el *relato*, en tanto género que asume el pasado, y las *series* que generan distintos tipos de métodos capaces de ins-
taurar pertinencias o principios de inteligibilidad. Nuevamente se hace necesaria la intromisión del concepto de frontera, indicador en este caso de la sustitución del *dato* por la operación afectada por el lugar que especifica problemas y funciones propias. Objeto pasado y
praxis presente, los límites comienzan a vibrar ahí donde la sociedad
se une con su pasado y con el acto de distinguirse de él, por lo cual
la *referencia historiográfica* es, en definitiva, una relación cambiante
entre términos librados de taxonomías estancas. Desde esta perspectiva, la zona que atraviesa la ciencia histórica (y ya no el "cientificismo") recupera aquellos objetos considerados como desperdicios o reveses incomprensibles, puesto que ahora asiste al crecimiento de
aquellas regiones silenciosas de las que ha estado ausente. Esto es
asumido también como momento propicio en el que las otras ciencias
trans-funden sus objetos y problemas y sus sentencias, tal como lo
desarrolla Foucault a propósito de la locura. Objeto perdido por la historia pero que no obstante no se puede suprimir, la locura se constituye por todo lo que ha excluido la razón. Ahora bien, el lugar que se
conceda a la técnica es lo que coloca a la historia del lado de la literatura o del lado de la ciencia, porque si es verdad que la organización

rencia.[6] Es en la combinación de versiones, leyendas y rumores donde no sólo se apuesta a los intereses y conveniencias políticas sino que se ponen en juego los cimientos del

---

de la historia se refiere a un lugar y a un tiempo, esto se debe a sus técnicas de producción, ésas que le permiten a la sociedad combinar su actividad presente y la transformación de la naturaleza que "es a la vez un dato y una obra". Es entre lo dado y lo creado, entre la naturaleza y la cultura, donde se desarrolla la investigación histórica en tanto trabajo sobre un material (papeles, piedras, objetos físicos) para ser transformados, dado que es científica, en historia, la operación que modifica el "medio" o que hace de una organización (social, literaria) la condición y el lugar de una transformación. Específicamente en historia la relación que concierne al presente y al pasado lo ubican a éste ya no como dato sino como producto haciendo que el historiador desista de alcanzar "el paraíso de la historia global".

Por otra parte, resultó enriquecedor haber consultado el enfoque de Paul Veyne (*Cómo se escribe la historia*, Madrid, Alianza, 1981), quien adopta la metáfora del viajero para hablar del historiador. "El historiador puede elegir libremente el itinerario que va a seguir para describir el campo de acontecimientos y todos los itinerarios son igualmente legítimos". Asimismo, hay una idea de historia como espacio o lugar de recorrido o de tránsito. "Ningún historiador describe la totalidad de este campo, pues al tener que escoger un itinerario no puede recorrerlo en toda su amplitud; ninguno de estos itinerarios es el verdadero, ninguno es la historia. Por último, en el campo de acontecimientos no hay parajes especiales que se visiten y que se puedan denominar acontecimiento propiamente dicho."

6. La noción de interferencia también puede ser pensada a partir de estos lineamientos señalados por De Certeau en *La escritura de la historia*, por ejemplo en la relación conjunta entre teoría y práctica, pues considerar la historia como operación sería tratar de comprenderla como la relación entre un lugar (un medio, un oficio), varios procedimientos de análisis (una disciplina) y la construcción de un texto (una literatura). Hasta aquí podemos ver, por lo menos, dos cuestiones en los argumentos de De Certeau: a) el desplazamiento de los límites entre los géneros del discurso (la relación entre historia y literatura), y b) lo real que, susceptible de ser captado como actividad humana o como práctica, hace que la historia, con sus procedimientos, forme parte de la realidad de la que trata (la historia, en vista del proceso que vincula un producto con un lugar, se convierte a sí misma en un objeto de reflexión). El movimiento actual tiende a si-

saber en tanto modelos de significación histórica. La narración alterna entre los sucesos del yo y las escenas "biográ-

---

tuar la historiografía como discurso científico que expone las condiciones de su producción, más que apuntarla como "narración de los
acontecimientos pasados". Llegado este punto, es necesario señalar
el concepto de límite o de diferencia como "instrumento y objeto de
investigación a la vez". A propósito de la puesta en crisis de las representaciones globales, De Certeau insiste en subrayar la caduci-
dad del cientificismo positivista en el que la historia no ocupa más,
como en el siglo XIX, el lugar central organizado por una epistemolo-
gía que indicaba la realidad como sustancia ontológica, oculta en el
interior del cuerpo social. Ahora, la historia interviene en el modo de
realizar una experimentación crítica de modelos sociológicos, económicos, psicológicos o culturales. Se dice que utiliza un "instrumental prestado", pero precisamente pone la historia a prueba este *instrumental* al *transferirlo* a terrenos diferentes. Por esto, me parece interesante la idea que esboza el investigador en cuanto a que la historia se convierte en un lugar de "control" donde se ejercita una "función de falsificación". Precisamente este funcionamiento puede seña-
larse en dos de sus momentos esenciales: 1) la relación de lo real con
el modo del hecho histórico, y 2) el uso de los "modelos" recibidos y,
por lo tanto, la relación de la historia con una razón contemporánea.
La primera cuestión se refiere a la organización interna de los procesos históricos; la segunda a su articulación en campos científicos diferentes. Por lo tanto, la noción de interferencia va a afectar la noción de "hecho", que en lo sucesivo se tratará de una forma diferencial, en cuanto a la combinación con un modelo construido. Así,
pues, la relación con lo real se convierte en una relación entre los términos de una operación, apuntando a la significación funcional de
los *fenómenos de frontera*. La posición actual del historiador, entonces, designa esta situación al circular alrededor de racionalizaciones
adquiridas. Decimos que *trabaja en los márgenes* y, desde este punto de vista, se convierte en un merodeador. En una sociedad dotada
para la generalización, el historiador avanza hacia las fronteras de
las grandes regiones explotadas, por lo que De Certeau pone énfasis
en los estudios de Ferdinand Braudel sobre las "áreas culturales" situadas en los lugares de tránsito, donde pueden observarse los fenómenos de "frontera", "préstamo" o "rechazo".
    Siguiendo con el concepto de interferencia, creo necesario volver
a los planteos de Nicolás Rosa, en *El arte del olvido*, que reelaboran
la filosofía del "traspaso, de la circulación, de la ausencia de referencias" desarrollada por Michel Serres. Tal como podemos notarlo si

ficas" de los indios y, de un modo particular, la letra escrita se antepone al gesto y a la palabra oral, dejando que la fábula ponga al descubierto la vacante o el privilegio fra-

---

volvemos a remitirnos a las notas correspondientes. Serres condensa la indeterminación y el juego de las interrelaciones que permiten vincularnos con el rizoma deleuzeano. Nicolás Rosa extrae de este marco conceptual los efectos que destacan la producción en la ficción literaria, restándole peso a la comunicación referencial. Así, para el teórico argentino, en la literatura como horizonte negativo en general y en el lugar descentrado que la autobiografía ocupa como género, a partir del pronombre de primera persona se marca el itinerario entre las escrituras del yo y las de la tercera persona (entre el sujeto y el objeto), entre los géneros memorialísticos y/o ficcionales, puesto que siempre apareció intersticial entre el discurso de la historia (por su relación con un pasado y la ficción de credibilidad que instaura) y el discurso del sujeto (por el espacio egocéntrico que inscribe). Es, entonces, en el vínculo de la autobiografía con la historia donde lo narrado y lo acontecido asignan a la verdad textual el valor de interferencia, por desalojar la ficción referencial y proponer, en cambio, un régimen de valores ficcionales.

Volviendo a De Certeau, sus análisis destacan el impacto del freudismo sobre la configuración que durante tres siglos ha gobernado la relación entre historia y literatura, divorcio cuyo proceso envuelve viejos eventos. Ya evidente en el siglo XVII y legalizado en el XVIII, como resultado de la grieta entre "humanidades" y "ciencias", la fractura fue institucionalizada en el siglo XIX por el *establishment* académico. En los cimientos de esta grieta está la frontera que las ciencias positivas establecieron entre lo "objetivo" y lo "imaginario", es decir, entre lo que controlan y los remanentes. Esta "frontera" concebida como distinción taxativa es lo Freud se ocupa en revisar. Para el caso, el *fantasy* sirve como ejemplo de esto, tal como Tzvetan Todorov ha demostrado y el freudismo participa de esta reevaluación. Pensemos que en sus trabajos sobre la histeria (1925), Freud demuestra estar preparado para la "diagnosis local" y la "electrodiagnosis", lo cual hace que se muestre sorprendido de que sus "historias" de enfermedades puedan leerse como novelas y estén desprovistas del carácter "serio" de la cientificidad. Su manera de tratar la histeria transforma su manera de escribir, lo cual implica una metamorfosis del discurso, un desplazamiento hacia la poética o el género novelístico. Como decíamos antes respecto de la historia, con el descubrimiento de las relaciones que rondan la conexión entre el conocimiento y su objeto, Sigmund Freud traiciona la norma científica. Este pro-

guado a las voces en sordina de los salvajes.[7] Podría figurarse una escena inaugural: la del descubridor llegando del mar con navíos a los que va a cargar con objetos que testi-

---

blema, entonces, redistribuye el terreno epistemológico pues se trata de lo que le concierne a la escritura y su relación con la institución. Así, la literatura es el discurso teorético del proceso histórico, crea el no-lugar donde las operaciones efectivas de una sociedad alcanzan una formalización, quedando lejos de concebirse como la mera expresión de un referente. Es así como Freud asumió que a través de una nueva práctica del lenguaje su método podría transformar el campo entero de las humanidades. Pero él probó la efectividad de sus argumentos sólo en una rama especial de conocimiento: la psiquiatría. En este sentido, se arriesga en la distancia entre el aspecto global de su teoría y el aspecto local de su campo de prueba. Los ensayos de Freud sobre literatura e historia sólo proveen un marco de hipótesis, conceptos, reglas con el propósito, para futuros trabajos de investigación, de extender el campo donde el psicoanálisis fue científicamente formulado. Este ensayo de De Certeau (*Heterologies. Discourse on the other*, Minneapolis, University of Minessota Press, 1986) también debe ser situado en alguna parte dentro de la diseminación del freudismo, como ensayo inspirado y posicionado en la frontera de la escuela de Lacan.

7. En su *Tristes trópicos* (Barcelona, Paidós, 1992) Claude Lévi-Strauss pone de manifiesto una interesante dialéctica pronominal que va desde la marca impersonal en el título de uno de los capítulos, "Cómo se llega a ser etnógrafo", al registro de una conciencia que sabe y construye sus enlaces de filiación con la filosofía y la cultura; así despliega el repertorio de su formación con Kant, Hegel y Marx para reconocer en la etnografía el suelo propio y particular de lo que admite para el hombre la general condición de costumbres, hábitos e instituciones diversas, integrantes de cada civilización. Entre la reconciliación tácita y reflexiva de la individualidad y la exterioridad, se inscribe un pasaje fluctuante entre el dato, la experiencia y el imaginario del recuerdo, la obstinación por el lenguaje y la captura extravagante de la alteridad: la pulsión de la escritura. En el capítulo 22, el etnógrafo reflexiona: "¿En qué orden describir impresiones profundas y confusas del que llega a una aldea indígena cuya civilización ha permanecido relativamente intacta? [...] Frente a una sociedad aún viviente y fiel a su tradición, el choque es tan fuerte que desconcierta: en esa madeja de mil colores, ¿cuál es el hilo que hay que seguir y desenredar?". Un poco a modo de figuración metonímica, el

monien la existencia cierta de riquezas en el paraíso. Pero la posesión no se inicia con la conquista de un territorio innominado sino con las armas de la fuerza y del sentido europeos que van a trazar sobre la tierra fuera del mapa el deseo y la ambición occidental. Allí donde se interna el "ente-

---

Mar de los Sargazos, terror de antiguos navegantes, dispara las paradojas acerca de los mitos de origen y del lugar de la conciencia. Si las culturas primitivas constituyen el objeto general de un antropólogo, la ajenidad de la vida se filtra en los ojos y el saber del europeo que puede dar cuenta de los embates de lo particular, de los modos de vida excluidos del progreso científico y los avances técnicos. Pero los cuadernos de notas o las libretas de apuntes como registro devanado de ansiedades y descubrimientos manifiestan que la escritura misma, la puesta en escena de su propio presente, es un objeto privilegiado. Artificio material de travesías extenuantes, el acto de escribir asume la intervención del explorador mediante el ritmo gráfico que confiere todos los detalles posibles a situaciones y panoramas, la imaginería sensorial que aporta el sostén necesario al saber de sí mismo y del otro: el rol del etnógrafo. Allí donde el contacto transhistórico del espacio y el tiempo produce el signo disonante, el eco remoto, en aquellos mundos perdidos suena un "acorde nuevo" que, sin embargo, llama a reconocer el melancólico lugar que ni el pasado ni el presente pueden transfigurar del todo. Hay un nudo visceral, intraducible, entre el "terror de los antiguos viajeros" extendido por los Sargazos y la futilidad primera sentida por Lévi-Strauss, el viajero contemporáneo. El virtual impacto que el pasado traduce a su manera entra en sintonía con la carnadura de dos tiempos en un mismo acto de aprehensión, con una percepción de procedencias paralelas desde que una conciencia actual sabe palpar la perdurabilidad de los enigmas en cerámicos y tejos empapados de fragancias lejanas. Desde la conciencia del yo que escribe se proyecta la experiencia de la alteridad, el tránsito que abre nuevas hojas de ruta. Pero desde el presente se construye también el imaginario de una condición mental que sufrió la mezcla de quietud, desasosiego, terror y fascinación. Y desde su lugar de enunciación, Lévi-Strauss bordea un contorno de citas que, más allá de ratificar la autoridad de una enciclopedia, confluye más bien en un repertorio de circunstancias hipotéticas. Así, desde los relatos de Jean de Lery el viajero de hoy extrae una suerte de experiencia inmediata, directa, casi intransferible de historias del pasado (añadiéndole su carga de ficción) y de fisonomías exóticas detrás de los mares abismales. La herencia enci-

nado" es el cuerpo virgen, la página blanca y vasta sobre la
cual el conquistador va a escribir –a imprimir– su propia historia, porque la búsqueda de sentido no es sino la búsqueda
del Otro. De alguna manera, la visión del mundo representada
en la novela atañe a la incipiente modernidad, por lo cual la
narración compone una suerte de bisagra entre la esfera pública –concerniente a los efectos que produjeron la expedición y
los descubrimientos– y el orden privado –implicado en el saber
relativo al problema que pone de manifiesto sin resolver los límites para transmitir una experiencia del lenguaje y del yo–. La
razón y la conciencia hacen de la historia un discurso hegemó-
nico en el marco de estrategias jurídicas que constituyen y au-
torizan el lugar de la identidad. Para el entenado, sin embargo,
es esa práctica la que arriesga el crédito y la ley a condición de
permanecer en la negrura y la incertidumbre.[8]

---

clopédica radica en que el yo es punto de inflexión con lo universal,
en que la primera persona es puente y bisagra que entorna y desvía
la mirada entre las particularidades de lo ajeno y la familiaridad de
lo propio. Escribiendo sus impresiones (efectos de la observación y el
asombro), surge el extrañamiento que, ligado a una experiencia de la
enormidad y la violencia, traspone el marco de referencia entre islas
y valles de nambicquaras y caduveos y los precipicios sublimes de los
rascacielos de Nueva York. Por eso y a pesar de todo, la extrañeza corre y desplaza los puntos de enfoque y la vida aventurera retiene en
los oídos de Lévi-Strauss, paradójicamente, la obsesiva recurrencia
del estudio número 3 del opus 10 de Frederic Chopin en esa meseta
del Mato Grosso que después nunca volvería a ver.

Por su parte, Clifford Geertz (*El antropólogo como autor*, Barcelona, Paidós, 1989) también ha pensado la relación entre percepción
y escritura desde un particular enfoque antropológico. Su concepción de la etnografía prioriza la "puesta en escena, las intenciones y
la autopresentación". En este sentido, la retórica de los etnógrafos
deriva de un topos común, la elaboración de una sensibilidad en un
lugar intrigante y a la vez extraño. Geertz desecha las perspectivas
que ceden la prerrogativa a los estudios de campo desconociendo los
vínculos intrínsecos que los autores antropólogos establecen con la
escritura, trama, narración o relato de los hechos.

8. Desde el siglo XVI –o, para tomar puntos de referencia más exac-
tos, desde Maquiavelo y Guicciardini–, la historiografía deja de ser la
representación de un tiempo providencial, es decir, de una historia

Devuelto del mundo salvaje, ante los perentorios reclamos que se le hacen no puede dar cuenta de ninguna información por haber olvidado su lengua materna. Ni navegante ilustrado ni enviado oficial, la historia que narra el persona-

---

decidida por un sujeto inaccesible al cual sólo podemos descifrar a través de los signos de su voluntad. Esta nueva historiografía toma la posición de *sujeto de la acción* y provoca su entrada en el texto. A la manera de una infranqueable laguna, la escritura va a mostrar siempre una carencia y obliga sin cesar a *caminar y escribir* todavía más. Esta laguna es la marca del lugar en el texto y cuestionamiento del lugar por el texto, lo que nos lleva finalmente a lo que la arqueología designa sin poder decirlo: la relación entre el logos y una *arche*, "principio" o "comienzo" que constituye su otro. De lo que aquí se trata es de una institución del saber. Esta institución señala el origen de las "ciencias" modernas, como lo demuestran en el siglo XVIII los círculos de sabios y las academias. Así, el nacimiento de las disciplinas está siempre ligado a la creación de grupos. En esta dirección, como lo ha señalado Habermas, el texto confiesa su relación con la institución: por ejemplo, el "nosotros" del autor nos remite a una convención, a un "verosímil enunciativo". La mediación de este "nosotros" elimina la alternativa que atribuiría la historia a un individuo o a un sujeto global. Es preciso estar "acreditado" para tener acceso a la enunciación historiográfica, cuya condición jurídica clasifica al yo dentro del trabajo colectivo. Véase Michel de Certeau, *La escritura de la historia.*

Siguiendo esta perspectiva, cuando el mismo autor presenta una constelación de usos en torno del término 'creer', rodea la etimología de una significación que concierne a la relación temporalizada con la alteridad. En este sentido, el reconocimiento del otro tendría que ver con el establecimiento de un contrato, cuyo soporte es la diferencia que marca –inscribe– el pacto que apuesta al futuro, en una cadena de donaciones y remuneraciones. Es la palabra puesta en circulación la que distingue los lugares del deudor y el acreedor, la legalidad de los *partenaires*. Pero en la condición de "regulares" de los *partenaires* puede trazarse la "sombra" de la contracara de la creencia: el renegado o el traidor. Ahora bien, este tejido de operaciones, este sistema de reaseguros creado sobre una red de deudas garantizadas sobre la duración, puede permitirnos pensar el modo en el que una tradición se funda, los roles asignados en el ámbito del saber. Véase Michel de Certeau, "Creer: una práctica de la diferencia", en *Descartes. El análisis de la cultura,* Buenos Aires, Anáfora, 1992.

je urde las renuencias o los vestigios de pérdidas y recupera-
ciones; no obstante, repone los restos, los fragmentos del pasado y de la lengua. El narrador asume la escritura como archivo y reserva, como grafía de la historia de una alteridad
que busca grabar su dudosa consistencia y espesor en los
ojos extranjeros. Sin embargo, es este mismo proceso y operación que convierte en deriva y fábula a la enunciación autobiográfica, desviándola de un centro y desplazándola mediante el añadido o el plus de la repetición. De este modo, las
grietas del olvido intensifican la incertidumbre del presente.
Pero si en cierto sentido viajar es olvidar, entre desperdicios
y recaídas queda un sedimento de instantes recobrados en el
transcurso interrumpido de intervalos o de suspensiones
que generan el tiempo de la espera. Algo del mundo salvaje
persiste en la existencia de la vejez. Algo del innato fragor por
el viento y la intemperie atrae al personaje hacia los indios.
La lentitud y la demora de la narración marcan la procedencia errática del equívoco y lo incierto, insistiendo, merodean-
do, en el momento nocturno y puntual de la cena austera. El
reconocimiento efímero del aroma del vino, el color del pan y
las aceitunas confirman al menos el retorno de un destello,
el fulgor reminiscente que permite recuperar las astillas es-
meriladas de la experiencia. La partida y el regreso producen
desfases y filtraciones recíprocas. Así, la oralidad como espacio del otro provoca las fisuras de un discurso que consigna-
ba en la letra la ley, el saber y la conciencia. En su primer
encuentro con marinos expedicionarios luego de su larga
convivencia con los indios, el entenado advierte una carga
inconsciente de culpa, temor o rechazo como conjuro ante
un mal remoto por la ausencia de palabra legal. El narrador,
habiendo perdido su lengua natal, no puede pronunciar ninguna frase inteligible. Después, los gritos y chillidos de la tribu que siguen resonando en su memoria van quitándole peso y seguridad al carácter de instrumento que la escritura
ostentaba. En el espacio de esa diferencia que diseña una extensión la escritura traduce gestos y palabras como restos y
remanencias de un mundo desvanecido.

Algo se pierde en ese pasaje que va de la letra (aludida como tiempo presente en el acto de enunciación) a las manifes-

taciones histriónicas de los salvajes. Sus voces y presencias
son huellas que no se registran en su totalidad, pero esa
misma ansiedad por imprimirse en la mirada de quien es exterior a ellos es lo que corroe la certeza de la escritura. Sonido, señal o fragmento, el "defghi" recurrente es registrado en
parte como residuo de un lenguaje incomprensible, como
punto de fuga de una alteridad inenarrable, instante heréti-
co y profano que roba el sentido de Occidente y los Evange-
lios. Es la palabra ausente o canto vacío que resiste y se sustrae a la economía utilitaria de la traducción, aunque deje
vislumbrar la condición de falta e incompletud de todas las
lenguas en el sintagma de seis letras. Si el viaje supone el
traslado de una mirada que narra, los textos que cuentan los
itinerarios nos permiten explorar los mapas posibles que traza la literatura. El acto que dice las experiencias en presente o en pasado asume un exceso, un plus que suscita caminos, fronteras y zonas intersticiales a condición de desdoblar
los tiempos reversibles del relato. Cuando se cuentan los recuerdos, se actualizan los pasos recorridos entre bordes de
un más acá o más allá del lugar de enunciación. Sin embargo, la visión retrospectiva de quien volvió para contar deviene siempre como el retorno de un instante inaugural, como
escena arcaica que combina cierta remanencia de algo remoto y el efecto de la novedad. Relatos que escamotean el final
definitivo, apuestan más bien al tiempo de espera, aplazan
los espacios próximos, mensurables en la brecha siempre
móvil que alterna distancias y cercanías. La escritura de viajes se orientaría, entonces, no tanto como transcripción de
experiencias legadas por la certidumbre sino más bien como
el acto que detiene, suspende el instante, borrando los límites entre proximidades y lejanías.

Si el viaje impugna la devolución de lo Uno y lo Mismo, es
porque devalúa los vestigios arcaicos de la ascendencia, la
identidad o el origen y hace que fracase la caución del recuerdo. La garantía duda, oscila en el diferir, desorienta el
sentido o la dirección establecidos por los esquemas del
tiempo y del espacio. Frente a ello, la garantía de una memoria voluntaria y ordenadora cae y, en su lugar, la significación tiende a diferir el sentido al privilegiar las zonas erráti-

cas, las imprevisibles "hojas de ruta" donde el recuerdo se
desliza por costuras e intervalos. En cierto modo, el viaje es
olvido. Viajar y escribir eluden el producto final de las operatorias en los procesos semióticos, atenúan el espesor de lo
dado eliminando la mínima posibilidad de clausura; y como
restan peso a la especificidad individuante, traman una subjetividad no sólo lábil sino genuina y productiva, por cuanto
se constituyen en el lenguaje, en el acto de contar –que también es *hacer*–. Mientras la temporalidad devenida del viaje
funda una expectativa fuera del reaseguro que restituye la
cosa en un ida y vuelta, el acto de creer sintoniza al compás
de la espera. Así es como se marca el trayecto de una cosa
distinguiendo dos momentos en lo que atañe a los lugares de
circulación. Si el diferir es una operación común a ambos
procesos, el viaje desplaza la confianza que funda la garantía sobre la propiedad para privilegiar la ausencia, para fraguar la meta final de la certeza o la previsión. La temporalidad del creer, entonces, inscribe un reconocimiento de la alteridad en tanto práctica crediticia que dirime las funciones
de los sujetos. Pero si en el creer el tiempo difiere como res-
titución de una cosa, el tiempo del viajar otorga un pleno de
pertinencia al exceso, al derroche, a la espera suspendida y
a la circulación que modifica sin cesar los códigos y las reglas presupuestos y adquiridos. En la duración, el creer trama la reapropiación voluntaria de la cosa, en un plazo donde lo diferido se reconoce. Pero en el viajar implica la incertidumbre, la abolición de garantías estabilizadoras que de-
volverían la seguridad en los límites de la conciencia.

Si en Aira lo real se abisma en la perversión de lo apre-
hensible trastocando el objeto a la vez que se lo captura, la
escritura de Saer exaspera la distancia mediante la grieta entre el olvido y la utopía. Aun cuando los efectos de lo real se
borran de la percepción sobre lo exterior, los avatares del deseo procuran su reposición fragmentaria. Así, el lapso entre
la pérdida y la recuperación de la lengua materna cubre las
huellas de procedencias equívocas que sin embargo intensifican, aunque leves e ingrávidas, las errancias esquivas. Novela de deriva por antonomasia, *El entenado* asume el gesto
del viaje por la escritura atravesando el espesor de lo real y

la identidad no sólo como interrogante sino también como oxímoron que posterga y desplaza la respuesta por una ausencia, una falta o un misterio.

De esta manera, el viaje es la travesía de "recuerdos improbables", cuya pérdida gradual de consistencia empírica vislumbra un sol que ilumina sin revelar. Para los marineros que llegan del otro lado de las "orillas primordiales", el atisbo de una vida primigenia y el entendimiento alteran la percepción, producen una fisura entre los sentidos y el paisaje. Sin embargo, la mirada extrañada del "conquistador" (y nunca más oportuna la relativización del término) transfiere los desplazamientos de lo visible, los modos del movimiento a "los saltos y carreras constantes de los indios" (p. 28). Si la experiencia de lo real se tiñe de opacidad, como consecuencia de ello se sustrae a la incidencia del lenguaje sobre el supuesto del acorde armónico del cosmos, dado que los usos de las palabras sintonizan la clave de la disonancia. Aquí, ruido y negrura metaforizan el desgaste y la interferencia del proceso de percepción y, correlativamente, su posibilidad de registro en la producción de la escritura.

Llegado este punto, no podemos dejar de observar que la narración del entenado se materializa como género autobiográfico y además como una suerte de etnografía. Escribir sobre uno mismo como otro y sobre espacios y sujetos ajenos al entorno habitual resuelve de algún modo la inscripción de un comienzo, una motivación fundada en este caso por la ausencia de lazos ancestrales y el deseo de rescatar alguna ficción de origen o sustituir el vacío familiar narrando la falta de nombre, padre y patria. Lengua y viaje se confunden en la escritura de intervalos entre pérdida, reposición y fisura de la palabra originaria. Pero el relato desde el fondo vacío de la negrura rescata, devuelve en parte la marca borrosa de una génesis profusa: a la ausencia inicial de un progenitor, en la vida del narrador se suceden una serie de padres sustitutos.

En la relación maestro-discípulo que se establece entre el protagonista y el padre Quesada la lenta devolución del conocimiento y de la lengua añade la cuota de protección que la convierte en el vínculo necesario entre el recién llegado y el mundo exterior; esto funciona además como soporte onto-

lógico, como constancia de una identidad. Así el protagonista legitima gradualmente su yo, y el padre Quesada bien
puede asumirse como la inversión del predecesor, cuyo encuentro es ocasional, fortuito y posterior al nacimiento bioló-
gico de su "criatura". Pero sobre el cuerpo del entenado quedan grabados los rastros difusos de la intemperie absorbida
al lado de los indios más los signos futuros de una paterni-
dad adoptiva. Así, el entenado devuelve con creces la cadena
de tutelas anudando una trama genealógica sobre los desvíos de un devenir familiar. Tal vez propicie el rito del abandono poniendo en escena la enunciación teatral y coreográ-
fica mediante figuras que urden un texto pródigo en idas y
venidas, andanzas y aventuras.

En el reposo que medita, contempla y proyecta imágenes
paramnésicas, las pausas de las esperas, las demoras, el re-
traso, arriesgan la caución del regreso, aunque tampoco garantizan alcanzar el ingreso allí donde se exige borrar los
restos y las marcas del punto de partida, deponer los recuerdos que reafirmarían el yo por la dispersión que no puede restituir los lenguajes, hablas, códigos y "ficciones" de la
región de "origen". De este modo se asiste a la escenografía
–esquemática en cuanto a tensión y vitalidad se refiere– de
la génesis evanescente, fragmentaria del olvido. Así el cuadro, casi inmóvil, suspendido y sin embargo continuo del
acto de palpar el sabor lento y moroso de una cena austera,
vuelve sobre esos años remotos, inmemoriales pero actualizados en el transcurso de la existencia, como si la lentitud
de lo sensorial restituyera aunque ilusoriamente los pasos
de la vida, en un instante pleno con la luz de las velas y los
olores primitivos. Los perfumes de las lejanías que confunden el presente y el pasado, rastros y huellas difuminadas,
persisten imborrables desde siempre. Resulta paradójica la
imagen contemplativa e inmóvil, detenida y que no obstante alude al continuo, al transcurrir de procedencias que re-
miten al acto inaugural, a la escena arcaica del bautismo
simbólico inscripto en el simulacro de un origen ficticio y
aplazado. Las máscaras con las que se revisten y giran tanto lo primitivo como lo actual reponen la pulsión ambulan-
te del "no tiempo", como una suerte de errabundeo de figu-

ras e imágenes suplementarias a la deriva o al desplazamiento del viaje.

El problema de la significación y la lengua permite surgir algo en común entre los derroteros móviles de la escritura y los caminos que el personaje cuenta como nacimientos sucesivos a partir de expulsiones, ingresos y retornos de mundos diversos, de regiones encapsuladas, de cruces y umbrales o de huidas intermitentes. Fugas y retrocesos escanden la metáfora itinerante que atraviesa sendas y caminos a través de mares y tierras, pero también la de nombres y padres que se adhieren en la narración de la búsqueda.

En este sentido, la figura de los ríos engendrados como padres y descendientes se convierte, más que en asociación indirecta, en afirmación de las obsesiones recurrentes en el devenir del entenado, en imagen que recubre las genealogías y las derivas. Nacer y partir encuentran su punto de anclaje en la promesa de fuga y retorno implicados como decisión asumida en el trasvasamiento de los ríos. Llegar, penetrar, perderse o deambular son, decíamos, instancias rituales comunes al proceso de producción en la escritura, que además se involucra, en el caso de esta novela concretamente, con el acto de narrar.

Sin las señales claras y estables que lo resguardan contra la intemperie de la incertidumbre, el narrador se sitúa en zonas movedizas de un escenario que funciona como metáfora del rito adánico, por cuyos intersticios reaparece la génesis violenta de la vida misma, la huella del pasado ancestral. Es la mirada del narrador la que recobra –para fracasar– los retazos perdidos, la interferencia de ese momento anterior a la enunciación organizada, la que expresa el no saber solitario, la procedencia de la nada, la orfandad elemental que lo funde a las capas maleables del cosmos. Es el acto de narrar que vuelve a aquel sonido inarticulado para extraer significación en el lugar de clivaje, surco por el cual transita y zozobra el personaje, entre conciencia y no saber sobre el borde de lo real o del mundo que, siendo inaccesible y fugitivo, permite, a pesar de ello, retener como lazos esas remanencias inciertas y fragmentarias. Así es como la posición del narrador se constituye sobre la base de un saber que deja blancos, a través de los cuales se reponen los trazos fantasmáticos de un mundo, una región o una lengua.

A pesar de su ritmo moroso, la narración no prescinde de un diseño anecdótico. El personaje parte como grumete buscando abrir nuevas rutas y, con su excepción, todos los tripulantes perecen a manos de los indios cuando llegan a la tierra que toman por virgen. De aquí en adelante, el personaje relata los años de pasaje en los que se interna y por los que sobrevive hasta el momento de la separación de aquellos primeros padres. Es después de este acontecimiento cuando recupera la lengua de un comienzo cuyas marcas no logran superar ni el acoso de los soldados, ni los curas del convento, quienes no le devuelven siquiera los signos de un entorno familiar. Sólo el padre Quesada le restituye en las fisuras de la conciencia un saber enciclopédico que, sin embargo, no evitará los vestigios de los aires matriciales de las playas antiguas y el fluir perpetuo de los ríos. Pero la muerte guarda su propia celada, encarnando uno de esos sismos que cortan el rumbo asignado por el azar –para reacomodar los residuos elementales del yo– y permite las reapariciones fugaces y pulsionales de sus marcas. Así, muerto el padre Quesada, el entenado reinicia el viaje que, si lo conduce a algún sitio, es al del abismo por el que se abandona a la fuerza que le devuelve los restos dispersos, antiguos. Tal vez la fiesta del delirio brutal y la deriva que disemina y reencuentra modificadas las remanencias olvidadas como al paso de un naufragio marquen una tensión común, en los rumores y penumbras primitivas por las que el yo se sale de sí. Por ello el cuadro que el personaje contempla y describe está lejos de ser un episodio extático. Porque aquello que está mirando lo envuelve en el doble extrañamiento que lo proyecta en bruto al salirse de sí. La repetición, más que ser un mecanismo regulador y simétrico o proporcional, reasegura las persistencias latentes, socavando la subjetividad, orientando al yo en la espesura desconcertante de la lengua, del espacio, del tiempo.

Es en aquellas costas primigenias donde el narrador alterna posiciones de centro y margen, en el transcurso que aplaza, difiere y concentra la intensidad de visiones de éxtasis y delirios. Como el deseo, el rito orgiástico se posterga, se

extiende hasta el colmo de la enajenación, a través de la cual
el cuerpo sobreviene transformado en marcas que pasan de
la deglución voraz al aquelarre bestial entre sexos y parentescos. Si el paso regular de las estaciones signa el tiempo de
retornos y variaciones, la repetición afirma la espera obsesiva que precede a las secuelas de quietud tras los excesos de
carne y alcohol. Más que en la calma y el sosiego, los indios
se mezclan y reconocen en la indiferencia común que excluye al extranjero del escenario de caos. Y es el mismo desastre que les permite hundirse y resurgir de esa vorágine inno-
minada que sin causa sólo reserva marcas y cicatrices de los
días salvajes de clamor y turbulencia. Pero a pesar de las
huellas impresas en los cuerpos, los indios no registran el recuerdo que da cuenta de su origen, ya que tan sólo aceptan
la reaparición o el deterioro que a sus ojos es inescrutable.
El tiempo no devuelve las estaciones para equilibrar un sistema de identidad, lenguas y parentescos o garantizar la estabilidad del mundo, dado que, si algo permanece, es lo perecedero como retorno o devenir, reasegurando de esta manera una suerte de perturbación innata y visceral del universo natural. Lo que queda en ellos signa en cierto modo una
diferencia en la repetición, pues no son los mismos cuando
despiertan del sopor animal. La paradójica caución de la fiesta desgasta y renueva una naturaleza propensa a digerir una
humanidad testifical en cuyos restos se busca oír una respuesta indefinible anhelando los ecos insondables que les
reaseguran la pertenencia en el acervo de lo existente. Mediante los cadáveres devorados se confirma el rito caníbal
que incorpora la humanidad conquistada en una doble senda: las lanzas, el fuego y los dientes de los indios quiebran la
fuerza del oprobio aunque, a su vez, la conquista ultramari-
na sea el espejo figurado que les corrobora la vida, para poder mirarse en quienes los miran. Las fuerzas latentes de la
fiesta ritual expulsan la risa salvaje incontenible, el grito
confundido en los sonidos violentos por donde acecha el peligro, la culpa, la vergüenza; en este nudo el acontecer transforma el goce en la grieta de un misterio sobre el cual los indios resbalan inertes, en el deslizamiento continuo de lo innominado. Es ese acontecer de repetición que sobreviene co-

mo marco y escenario ante un huésped desprevenido y atónito, cuya mirada fija y obstinada se confunde con la avidez
de los actores. Hay razones desconocidas que emanan de las
profundidades arcaicas e insomnes y hacen advertir al narrador aquello que repercute a lo largo de los años como las
incidencias inconscientes, aquello que reponen los fantasmas del sentido aún en la vejez. El registro del no saber re-
lativiza la objetivación, la perspectiva de la distancia y el
tiempo mediante un modo de enunciación proclive a la conjetura, a la duda y a las hipótesis sin respuesta.

La enunciación formula un desplazamiento continuo de
estructuras temporales y cubre las escenas y los episodios de
fulgor que neutraliza las mediaciones, marcando correspondencias, pasajes y reversos entre el antes y el después.

El personaje principal habla de los sucesos, se recoloca
de modo incesante en uno y otro lugar, se traslada y merodea y no acierta a descifrar los signos azarosos que aparecen en los rodeos de la narración. Es ese mismo tono de giros e indirectas el que palpa, repasa y desmenuza los episodios febriles de la fiesta, del desastre y la excitación. Pero la
narración se llena de pliegues que, volviendo hacia atrás o
tendiendo hacia adelante, parece como si marcaran un punto cero donde origen y devenir coinciden. Los anacronismos
y virajes temporales, entonces, complementan el gesto de
deambular entre lugares, anécdotas, motivando siempre lo
que late, emerge y despunta como presencias inciertas. Es
ahí donde escritura y narración tocan la zona compartida
–fronteriza– de lo material significante, entre la presencia
indeleble de lo real y la huella de la distancia que guarda algo de arcaico y de futuro.

Es a partir de la repetición como el automatismo productivo de la escritura repone el instante de escribir en la auto-
rreferencia que frustra siempre el intento de organizar la experiencia de lo real como constitución de la identidad, en la
articulación coherente de las categorías de espacio y tiempo. La repetición y diferimiento reconocen en la escritura los
signos de una operatividad recíproca y conjunta, en la que
el retorno insiste sobre la paradójica vuelta, el intento por
recomponer la vida: queda un resto impalpable que la vuel-

ve lejana, fantasmagórica; se borra el espesor, marcando la ausencia de señales o límites entre pasado y presente. Los recuerdos actualizados filtran una dimensión inconsciente y permeable entre dos mundos y tiempos y enfatizan así tanto el gesto autorreferencial del presente enunciativo –"ahora"– como las alusivas figuras de la costa, la playa y la arena floja que desordena huellas multiplicando direcciones y sendas.

La frontera se transforma así en espacio metafórico que signa la experiencia de una genealogía (del mundo, del yo) en las remanencias del cuerpo, del suelo y el extrañamiento provocado por una travesía inacabable e insoluble: escribir los años, la vida. La escritura, la necesidad de proveer la testificación sensorial de alguna consistencia o espesor, comparte con la fiesta desmesurada un recomenzar vacilante, un "nudo ardiente", el ritmo mudo de esa otra presencia, la existencia diferente de sí misma, cuya marca simultánea es la necesidad y la aniquilación. En la fascinación por la muerte y la falta reaparecen los objetos del asesinato y del deseo, los cuales en cierto modo son fetiches de la realidad propia y ajena al trazar los desvíos del transcurso, del retorno. En los desplazamientos de la memoria la visión del pasado realiza su coartada y allí deja una búsqueda incompleta de signos o mensajes para que den cuenta de la falta, de la pérdida sin respuesta ni comprensión. Así, la costa atrae y aproxima de forma recurrente y obstinada figurándose como límite que potencia la fisura, en expresiones azarosas y a la vez sintomáticas de la opacidad.

Objetos y pertenencias extranjeras vuelven del desastre, y la tribu oscila entre la dispersión que amenaza su consistencia y la cohesión que le garantiza integridad. Mientras tanto, para el entenado, los interrogantes funcionan como caución de un descubrimiento gradual consolidando un "estilo de interpretación" (p. 81) y un saber que se constituye como reflexión y deseo donde no se concreta ni realiza el objeto de lo real sino que se materializa como cadena simbólica y significante a través de preguntas inagotables. La novela instaura un teatro de la paradoja, una puesta en escena de la simultaneidad, del límite. Por un lado, las reliquias de la tripulación perdida ejercen una doble fuerza como atracción y veneno y, por otra parte, los desajustes abismales entre la conciencia y el olvido erigen la fórmula "yo soy otro". Si lo real se escapa, el conocimiento empalma con un modo conjetural de pareceres y razones fugitivas. Sin embargo, el extraño y los indios establecen un pacto tácito sobre un sistema de pruebas a largo plazo, un documento que condiciona y atestigua los bordes y la alteridad de los mundos que se excluyen, pero a la vez se imprimen, se incrustan, en el intento fallido de la tribu por grabarse en la memoria del visitante. De este modo, cautiverio y testimonio generan un proceso paralelo, en sentido figurado, a la escritura. Los signos exteriores se graban, se registran en la mirada a condición de enajenarlo en el "agujero negro" del contrasentido, en el parecer equívoco que acerca más al hundimiento que a la información. La escritura –la narración minuciosa y obsesiva–, en verdad, se vincula al desastre figurado por los indios, en la fiesta que llega como una "locura puntual".

Cuando la fuerza de la desmesura orgiástica sube y arrasa, el único fin posible es la caída, la aniquilación o el vacío. Sin embargo, la paradoja del retorno es lo que asegura, en los restos y vestigios de las huellas palpables de lo exterior, la persistencia que inacabada se cierne sobre las procedencias ontológicas más recónditas. El olvido y la repetición marcan el entreacto, la zona o el pasaje oscuro donde indios y entenados confluyen. La frontera entre ambos mundos borra los límites entendidos como clausuras, los que no obstante trazan el borde infranqueable, el punto que funda el horizonte de la desdicha. El pasaje de mundos supone oír los pulsos innatos, los instintos genuinos e intersubjetivos del deseo y de la muerte, rozando el lugar en el que posesión y gasto arden en la furia intempestiva, en la consumición. Indios y viajero incursionan en la ley secreta de los abismos inconscientes, consagrándose al núcleo mismo de la génesis, mediante actos que procuren algún rastro de sus procedencias en medio del ciclón que parece abatirlos entre la furia y la pérdida, o sucumbir al abandono del no saber.

Dos pilares sostienen ese universo de ardor y muerte: la fiesta salvaje y el viaje genealógico, donde la bifurcación aparente afirma el desplazamiento en la distribución extrema y desmedida entre nacimiento y muerte. El fuego que aniquila a la tribu en los días de consagración lúbrica les confiere el don tan misterioso como primitivo de la renovación, permitiéndoles el resurgimiento lento y doloroso tras el arrojo ciego a un fondo oscuro y sin nombre. Y el entenado toma de sus ascendientes adoptivos la propensión a esa especie de tempestad que lo envuelve en la incertidumbre. La escena desmesurada y salvaje retorna, se desplaza en la constitución de una estirpe testifical, una cuna que deviene –que viaja– en simultaneidad como grafía del cautiverio y la deriva, naufragando en los itinerarios de lo real.

Desde esta perspectiva, el entenado asume los riesgos de la intemperie en el reverso de una página que, contando la propia vida, narra en parte la ajena. La incógnita inicial revela gradualmente los peligros del vacío ontológico y, sin embargo, el narrador encuentra su conjuro en la responsabilidad que asume al traducir una experiencia inenarrable.

Al viaje y a la fiesta les es común el rigor de las fuerzas latentes. Pero aunque la escritura implique la escisión de la identidad o la inscripción de la diferencia respecto de sí mismo en el vértigo del "yo soy otro", la escena de la fiesta marca un punto de inflexión y en tanto el ingreso en el ritual no se produce tampoco se comparte la dimensión caótica y primitiva de los indios. La zona de exclusión signa, de este modo, la pertenencia e inscribe a la vez la diferencia y el margen metaforizados en la orilla o en la playa. Ante los ojos del entenado, la fiesta ejerce la fuerza de lo nuevo alojado en el secreto ancestral de la representación primitiva, la expresión de un retorno innominado del juego siniestro que goza del roce genealógico con la muerte. La procedencia de la nada, la reconstrucción del pasado y la tormenta desconocida que asolaba aquella naturaleza salvaje, irresistible, permeable al acontecer de las orgías y canibalismos desmedidos fundan, con sus restos de destrucción y resurgimiento, la zona pantanosa, la frontera. Esta suerte de zona se figura en la metáfora del incendio global dejando las remanencias de cierto "testimonio" en las cenizas esparcidas. Quizá el misterio de la barbarie no esté cifrado en los gestos de la violencia y el goce ritual sino con esos rastros del origen fundado en un sistema simultáneo de repetición y desplazamiento. Y tal vez la destreza y habilidad con las que los indios resisten la "costra ruda del mundo" compartan con el entenado el naufragio en un mar pleno y desconocido o en la deriva que no reserva el sosiego tranquilizador de los orígenes ciertos y determinables.

Desde la mirada del narrador, la contingencia que depara el devenir es asimilada a la concepción de un universo –y de un lenguaje– inacabado, no infinito sino indiferente en el acontecimiento que moldea una materialidad, una naturaleza sin trazo o plan previo, como materia que libera los efectos –los estragos– inconscientes de su formación confusa, azarosa, neutral.

> A ese horizonte de agua, arena, plantas y cielo empecé a verlo poco a poco como un lugar definitivo. En los primeros meses, en los dos o tres primeros años quizá mis ojos espiaban lo que vendría a sacarme menos de las penurias que de la extrañeza. Pero esta esperanza fue borrándose con los años. Lo vivido roía, con su espesor engañoso, los recuerdos fijos y sin defensa. (p. 86)

En todo caso, el olvido no desmorona tanto la memoria sino que carga el presente con todos los visos de los recuerdos actualizados, desacomodados de su sitio de "origen" en el pasado. Si hay un estadio remoto que el olvido repone es el de indiferencia, el desorden arcaico o la pasividad que no prevé ni detiene la "estampida lenta" de los sucesos, el caos que viene a restar, disminuir, el espesor de la conciencia, la densidad propia de un mundo expuesto al saber, al tacto, al develamiento gradual de su sistema. La extrañeza viene a desacomodar la previsión poniendo en la condición endeble e ilusoria del universo una condena al fracaso que, no obstante, se debate contra los riesgos y vaivenes de una percepción perecedera. Como un mosaico, el mundo se sostiene sobre la base rudimentaria de una masa de experiencias que recurre a la constante, "insoportable", duda sobre la condición ontológica.

Durante años me despertaba día tras día sin saber si era
bestia o gusano, metal en somnolencia, y el día entero iba pasando entre duda y confusión, como si hubiese estado enre-
dado en un sueño. (p. 85)

Espacio y tiempo se traman en el orden del acontecer, en
los bordes de un universo que confunde las naturalezas
inacabadas del ser, en la materia indiferenciada, sin plan,
escapando a la previsión o al esquema preconcebido. El
sueño imprevisto suscita la fuerza de lo nuevo en el devenir que confiere al presente el precario combate de una razón ilusoria. Sin embargo, la repetición suspende el avance, detiene la novedad e invierte, o mejor dicho transforma,
la dirección de la fuga ya no hacia adelante sino hacia un
retorno que no obstante asegura remisiones y fulgores del
futuro. Es como si el futuro le reservara cierta garantía al
pasado, aunque a su vez en él funcionen los signos de un
anuncio. Sucesos, imágenes o episodios adquieren un sentido no captable ni determinable, deambulando, sugeridos
por los itinerarios discontinuos, sinuosos del azar. En este
sentido los instantes aleatorios conjugan estados plenos
donde se niega y a la vez se soslaya la totalidad, filtrando
así un resto de lo incesante. Pero, al mismo tiempo, las señales tensionan un merodeo o incursión vertiginosa en las
grietas de un abismo, ejercen una atracción ingrávida en
los cuerpos que se deslizan por los movimientos de la indiferencia y la pasividad. La extrañeza de la mirada subyace
en los avatares de la in-mediación, en el sentido de que involucra la persistencia de lo indefinible e inenarrable de un
ser replegado en la ingravidez, o el fingido espesor de las
distinciones entre cosas, géneros y especies. Podríamos decir que las taxonomías también ceden al movimiento que
suscita la neutralización como si los objetos se delinearan
en contornos prescindiendo no sólo de profundidades sino
también de los rótulos que asignan categorías y divisiones
morfológicas.

Si la diferencia opera en los actos de reposición que la
pregunta fundante instaura, es en el desplazamiento donde
la repetición co-incide con el punto clave de un retorno, don-

de el ser-sujeto se manifiesta en el pliegue y la extenuación.
Una nueva cita puede ilustrarlo:

> Pero ahora que soy un viejo, me doy cuenta de que la cer-
> tidumbre ciega de ser hombre y sólo hombre nos hermana
> más con la bestia que la duda constante y casi insoportable
> sobre nuestra propia condición. (p. 85)

> Nada nos es connatural. Basta una acumulación de vida
> aunque sea neutra y gris para que nuestras esperanzas más
> firmes se desmoronen. (p. 86)

Sin embargo, el texto cifra la utopía de retener o vislumbrar
el pasado, de preservarse en los testimonios que buscan una
suerte de legalidad ontológica. El pasaje entre río, sueño y visión figura la incertidumbre materializada en la metáfora significante de la deriva, que escande esa ilusión de nitidez a través de la memoria y el recuerdo ajeno. En este sentido traba-
jan ciertas imágenes y episodios; es el caso de los hundimien-
tos recurrentes en el "agujero negro", en los "pantanos visco-
sos", como el regreso puntual de "misma locura" a través de
ciclos y estaciones, como la fuerza o el impulso de un deseo
que carcome los bordes endebles de los cuerpos. Incluso entre
los interrogantes de los indios se abren como grietas que de-
salojan la mínima posibilidad de precisión y certeza. Así, actos
y gestos se promueven como fórmulas y cauciones del olvido
genuino, cuya travesía oscura se impregna de actitudes y expresiones que no dejan de registrar una suerte de preanuncio,
la remisión inaugural de un bautismo figurado en la serie
aplazada y diferida de los naufragios múltiples. Así, la procedencia del entenado marca, entre regresos y mutaciones, entre aguas y nacimientos, la inscripción de un devenir.
    Y es en esta dirección adonde apunta también el mundo
de los indios, paralelo, infranqueable y a la vez trans-ferido
con el del viajero. La exageración del pudor, la teatralización
desmedida del horror, la puesta en escena de la mesura y la
austeridad, reservan una cuota de resistencia para los días
de turbulencia, cifrando en secreto el enigma del deterioro.
Éste es el teatro y la paradoja del resurgir, del reaparecer a

través de (y atravesado por) heridas y cicatrices. Éstas son las huellas imborrables que persisten (y repiten) transformadas en los bordes corroídos del mundo, en las grietas genealógicas de lo real. Esas marcas de destrucción en indios y universo son al mismo tiempo el reaseguro discontinuo de la vida, de la génesis.

En la convivencia entre esa suerte de pariente postizo (intruso y nómada) con los indios se produce un intervalo, un resquicio o hendidura en la serie de abandonos y adopciones por los que deviene; devenir que cede a la inercia de la incursión azarosa por la negrura del río. La imagen del firmamento nocturno figura la noche sideral del ser, cuya deriva es testigo (y parte) del proceso mutuo de aniquilamiento y reabsorción.

> Cada vez que el remo tocaba el agua, muchas estrellas reflejadas en la superficie parecían estallar, pulverizarse y desaparecer en el elemento que les daba origen y las mantenía en su lugar, transformándolas de puntos firmes y luminosos, en manchas informes o líneas caprichosas... (p. 90)

La errancia y el deambular oscilan entre los extremos de la sensibilidad hasta la indiferencia, desde la partida de las "costas de delirio" hasta su encuentro con el padre Quesada, y van recobrando fugitivos instantes, signos intermitentes de lucidez, que fluctúan entre la sobrevivencia y el deterioro. Fugas y merodeos manifiestan el deseo desplazado no tan sólo hacia adelante sino al lugar escondido de los recuerdos intraducibles, aquellos que asignan algo nuevo a la conciencia (y no ya las impresiones grabadas y pasivas) mediante una mirada que sabe ver y anticipar lo lejano en lo presente. Este pasaje puede ilustrarlo:

> Y el primer trago de vino cuyo sabor es idéntico al de la noche anterior y al de todas las otras noches que vienen precediéndolo, me da con su constancia, ahora que soy un viejo, una de mis primeras certidumbres. (p. 114)

Sin embargo, la frágil e ingrávida certeza no hace sino constatar la experiencia única e incomprobable de un orden

raso, interior, incomunicable, indicio furtivo y perecedero
que transmite la confianza genuina en el propio mundo cuyo espesor se marca inciertamente y de soslayo. Los contac-
tos sensitivos acotan, a través de una percepción fallida, el
destello, la iluminación epifánica, leve e intemporal cuya expresión metafórica queda suturada en la interferencia que el
propio cuerpo provoca, rendija o tela extraña que a su modo
filtra los zumbidos y murmullos que vienen "del exterior".

Esta escena imposible, la de mirarse a sí mismo como
otro y desde fuera, inscribe una topología que va más allá del
relato, del deseo y necesidad de contar cuya enunciación interrumpida, pulsional y sigilosa cancela la posibilidad de los
estados y retóricas humanos para generar en cambio la gramática del desamparo, el deterioro y la intemperie de una razón denegada, fundando así la descomposición de la identidad. Sujeto al bies, clivado y escindido, el narrador se aloja
en el universo de lo precario, lo provisorio, el desarraigo o la
desprotección, el exilio perpetuo de la negatividad de la existencia. Nicolás Rosa piensa que la des-habitación encarna el
fulgor extremo del destierro universal y con él podemos asig-
narle la decisión acerca de la ajenidad y extrañeza del cuerpo como endeble soporte del yo.[9] En este sentido opera la
morosidad de la narración cuyo pliegue envuelve una y otra
vez el detalle lento que retiene el instante, inscribiendo la necesidad de diferir o postergar el cierre imposible. Así, ritmo y

---

9. Estoy tentada de leer *El entenado* a la luz de las reflexiones de Rosa (en *Artefacto*) sobre el texto que cuenta el exilio. Sobre una "teoría
de los estados", abre el régimen hipotético de las historias que se nu-
tren entre el concepto y la intemperie o el riesgo inclemente del contar. De esta manera, la entrada al texto enfrenta una gramática posible de estados humanos –gloria, dolor, razón o sinrazón, lógica, exilio–
subsumidos en el sentido, con estados in-humanos confinados a los
lugares de las formas negativas del verbo 'existir'. El desamparo del
ser que tiene forma de extrañeza decide el deterioro y la ajenidad, lo
vacuo ante "el tribunal que juzga de la realidad de lo dicho y de la sen-
satez del hecho, del afecto y de la representación". Es aquí donde la
ajenidad clama por el desamparo y por la autobiografía de la "inscripción pulsional", por el entremedio ubicuo donde se genera el relato.

tiempo urden una escritura en filigrana donde la reposición
de imágenes en constelación regula la extraña novedad que
la repetición añade al sabor y al recuerdo.

> Todas las noches, a las diez y media una de mis nueras
> me sube la cena que es siempre la misma: pan, un plato de
> aceitunas, una copa de vino. Es, a pesar de renovarse, pun-
> tual, cada noche un momento singular y, de todos sus atri-
> butos, el de repetirse, periódico, como el paso de las conste-
> laciones, el más luminoso y el más benévolo. (p. 113)

Si el sabor de cada cena es idéntico, la repetición marca
sin embargo la instancia inaprehensible del "momento que
pasa rápido", produciendo un lapso secreto, un intervalo
que impugna la sólida seguridad de los sentidos o su carácter de copia fiel. La imposibilidad de contrarrestar entre la
percepción y el desplazamiento de esos testimonios proviso-
rios sostiene la réplica, no en tanto reproducción, insisto, sino más bien como respuesta, alterando el modelo de mundo
al que no obstante tienden –aunque fracasen– los sentidos.
El problema recurrente al que el narrador apunta es el de
"ser y realidad" advirtiendo una coexistencia ontológica,
cierta igualación entre dimensiones supuestamente antitéticas. Por ello el entenado escribe:

> La muerte, para esos indios, de todos modos no significa-
> ba nada. Muerte y vida estaban igualadas. [...] No era el no
> ser posible del otro mundo sino el de éste lo que los aterrori-
> zaba. El otro mundo formaba parte de éste y los dos eran una
> y la misma cosa. (p. 116)

La cercanía con los indios le permite al narrador percibir
cada tribu de acuerdo con "leyes propias, internas", las cuales vienen a configurar un universo singular, autónomo. Pero es justamente esta condición lo que les reserva la posibilidad de lo real. Todo lo que queda fuera de su universo es
para la familia postiza del viajero no sólo irrisorio sino un
"magma indiferenciado y viscoso".

LA GRAFÍA DE LA HISTORIA

La escritura de la narración plantea en *El entenado* una doble escena que pone en el centro del debate las cuestiones –y no es novedad– del lenguaje y del sujeto. Tal vez mi renuencia a aceptar lo enunciado como meros efectos de una insistencia inútil se deba a la compleja articulación de problemas que se anudan o desglosan de los otros, troncales o de índole más general. De esta manera, cuando el narrador extiende las fronteras u orillas de su relato, sutura los intervalos transdiscursivos o, lo que es decir lo mismo, los bordes siempre laxos y móviles de los géneros. Así, la escritura regula una suerte de serie eslabonada de instancias narrativas, condensada, urdida y expandida en ciertos cuadros referenciales. Y la densa magnitud de esas cuestiones entrelaza sus pasajes de sentido en algunos lugares comunes de la historia occidental. La conquista y expansión territorial, el correlato de un saber reticente al desborde y exceso que genera la alteridad, circulan en el flujo de la significación, configurando un imaginario social sobre el orden simbólico de letra encarnada en relatos, informes y testimonios sobre viajes y exploraciones. Pero si en el orden del saber el sujeto histórico en los albores de la modernidad se define desde una perspectiva monocéntrica no es tanto ni tan sólo por la posición que su presencia ocupa sino por aquello innombrable que constituye los apremios de una ausencia obliterada, condenada a la sujeción o al "destierro universal".

La dirección que toman las expediciones, independientemente de sus logros y fracasos, procuran inscribirse entre las
metas y propósitos económicos en tanto se condicionan al hallazgo de riquezas. No obstante, a pesar de esos objetivos pre-
viamente delimitados, los viajes entran a corroer la base de
un sistema cosmogónico y epistemológico proyectado sobre la
identidad y la razón. El espacio de la política y las letras o la
juridicidad que certifica la voz pertinente y autorizada de la
corona (voz que define los destinos y estrategias de las sub-
venciones monetarias decididas por los reyes) diseñan las rutas de los mapas, escriben los cálculos astronómicos enfren-
tando el optimismo humanista y la incondicionada fe racional
contra la fascinación y el arrobamiento por lo insondable, la
extralimitación que conmociona el lugar de lo visible con leyendas y rumores de monstruos ultramarinos.

Con el descubrimiento de los indios, surge el testimonio
que da cuenta de la imposibilidad de situarlos en algún orden de clasificación admitida, asumiendo tácitamente el régimen de negación que preside esa existencia. Los distintos
actos que fundan y apropian la diferencia inscriben una
constelación de modos de "impresionarse" y de imprimir. En
este sentido, la inflexión narrativa que encauza el protagonista evidencia la grieta abierta entre "ciencias" y "humanidades", apuntando más bien al imaginario que escapa al
control objetivo y revisando, por lo tanto, la distinción entre
la literatura y las ciencias positivas cuyos saldos o remanentes adoptan diversos modos de traducción. El reino de lo innominado, si queda fuera de la definición "clara y distinta",
socava los cimientos de una conciencia que advierte un soporte ontológico no tan sólido. Desde esta perspectiva, el orden del saber asiste a las fisuras del vínculo natural que la
conciencia mantiene respecto del mundo, de lo real y del lenguaje, resaltando la opacidad de los límites. Aquí, el acto que
vierte y estampa el relato del narrador libra el oficio del carácter genuino y primitivo de la versión, en cuanto saber incierto, esmerilado, que intenta agotar las posibilidades de alcanzar lo real. Acto de alianza entre la palabra y el sentido,
el decir escrito del personaje labra el curso diferido, aplazado, que se le cede como crédito a la verdad. La narración, entonces, inscribe el intervalo o el clivaje de un sujeto que, le-

yendo a los otros, se escribe a sí mismo. Es precisamente el
carácter evanescente, provisorio, de la versión lo que cuestiona los marcos rígidos de los discursos, cuya reposición confunde la grafía de la historia y el relato autobiográfico y hace de la interferencia el punto de tensión entre un pasado colectivo y las motivaciones de una conciencia individual. Si las
travesías ultramarinas y el mundo que se esconde detrás de
horizontes abismales constituyen una parte del conjunto de
relatos del objeto, el yo que narra certifica mediante la escritura su posición de testigo, lugar intersticial por cuanto se
desplaza entre el sujeto en primera persona y la red inter-
subjetiva de universos que, sin embargo, guardan las infran-
queables distancias de las mónadas. Entre los indios y el viajero reaparece así el fango de la génesis, el barro primitivo y
ancestral que modela las precarias figuras del deseo y de la
muerte. Pero la novela modula además su inflexión entre episodios de índole individual y el recorte común de un imaginario de época, desintegrando los cimientos de las certezas
de una conciencia licuada, desguarnecida. Las fisuras y grietas ontológicas, la arcilla púrpura del mundo, participan del
gesto ambiguo del recuerdo y del olvido, de la potencia productiva de una constelación de signos o señales que funda
una remisión al tegumento espeso y arcaico de la escritura
en tanto operación de cercos, alambres y fronteras.

Si escribir supone trasvasar el umbral del vacío por el acto de la lectura (como formas de llenar y roturar la huella o
el rastro de la operación fundante de la cultura), también el
surco queda trazado entre el discurso de la historia y el de la
ficción, desde el lugar que corporiza el deseo compulsivo por
decir lo real, relativizando el imaginario verosímil del discurso histórico y quitando densidad a su específico régimen de
"verdad". En cambio, las historias de vida, las reconstruccio-
nes antropológicas del propio pasado o de la existencia de los
otros, las fábulas, versiones y rumores recubren el campo
del imaginario del sujeto, cuya articulación fabrica los relatos al tiempo que nivela la consistencia de su verdad. En *El
entenado*, la narración deniega la imposición de un sentido y
asume tácitamente como falacia la modalidad conminatoria
e indicativa de la certeza por lo real. Más bien, el sentido se
plantea como su búsqueda, la exploración que libera una lu-

cha encarnizada frente al plus de lo real, cuya opacidad, lejos de validar una respuesta positiva, confirma el estatuto engañoso, perenne y postergado de su pregunta.

Frente al vértigo de la incertidumbre, hay dos episodios de la novela que funcionan como soportes metonímicos y constituyen el disparador de una serie de claves en torno del registro de la interrogación: la demanda perentoria a que el narrador es sometido por parte de marinos españoles y la exigencia que el padre Quesada gradúa para recuperar en su discípulo la lengua materna. En la primera escena se encarna una suerte de filosofía totalitaria y vocinglera que se acumula en torno de una serie de preguntas restrictivas. El personaje se manifiesta, así, como sujeto en tanto se somete ante la verdad irreductible, solicitada con avidez por el dominio imperial. El entenado es concebido como el portador de la otredad, como la proximidad siniestra de un mal inconmensurable, de una culpa, pecado o una enfermedad arcaica y sin nombre.

El enmudecimiento y la imposibilidad de una contestación no sólo asumen el olvido de la propia lengua sino también, en términos de Nicolás Rosa, suponen la derogación de la respuesta por los apremios del interrogante. Si hay un "régimen de silencio" que preside esa escena, se construye y desprende como metáfora del extrañamiento y negatividad inherentes al lenguaje.[1] Como cuerpo de la alteridad, lo real se disgrega, se desvanece a través de una narración que a

---

1. Me apoyo en la hipótesis de Rosa acerca de los rasgos que fundan la interrogación como unidad discursiva. "Fundamentalmente, la interrogación retórica se define como un soliloquio que simula al otro del diálogo, lo corporiza como sujeto mudo, como cuerpo enunciado pero no enunciante, disolviendo su poder de palabra en la escucha de los otros. [...] Estructuralmente, el interrogante es la derogación de la respuesta del otro. [...] ¿Quién puede –si lo cree conveniente– responder a un interrogatorio policial donde es acusado de criminal, de ladrón o de falsificador?" (Nicolás Rosa, *Artefacto*). En cierto modo, hay dos interrogatorios que someten al entenado: el de los navegantes que demandan, perentorios, las respuestas a sus preguntas, y el del padre Quesada que va entresacando de la laguna y del lento balbuceo la lengua y el saber gradual de su discípulo.

tientas se desdobla para escribir sobre la impenetrable vida de los indios una suerte de relato etnográfico o "biografía" de la barbarie donde la incomprensión y lo intangible reduplican la metáfora del sentido o lo real inaprehensible. Pero, como el silencio adquiere formas siempre distintas, la escena fundante del padre Quesada como maestro de un discípulo errante representa el trabajo por erradicar la negrura, por disolver la "selva espesa" de una lengua que repone con morosidad el lento balbuceo, la inarticulación sufriente de un nacimiento, de una emergencia consciente ante la opacidad, lo real o la muerte. Todo aquello que cada nueva comprensión del pasado tiene por inadecuado vuelve siempre a pesar de todo en las "orillas" y en las "fallas" del discurso. Las resistencias, supervivencias y retardos que emergen en la voz torturada del entenado manifiestan la perturbación en el orden de un "progreso" o de un sistema de interpretación, donde lo que sufre alteración es la sintaxis construida por la ley de un lugar. Así, los lapsus en los que incurre la palabra doblemente extraña prefiguran el regreso de lo rechazado atisbando algo que está lejos de ser una evidencia: la singular construcción occidental. La relación entre el padre Quesada y el errante alumno pone énfasis en una doble pertinencia epistemológica y encuadra las categorías de la oralidad y la escritura en un problemático uso de la figura de la modernidad. Si, por un lado, el descubrimiento del Nuevo Mundo y el vínculo incipiente con el hombre salvaje acentúan el declive de la tradición religiosa, por otro, este nuevo funcionamiento de la escritura y la palabra no agota las instancias engendradas de una nueva política y razón. Comprendido en la órbita de la sociedad moderna, el padre Quesada encarna el compendio del saber, las constelaciones culturales de una masa enciclopédica que, transferida a su discípulo, marca el desplazamiento que se realiza en el mundo occidental del siglo XVI al XVIII. Pero además asume la grieta, el conflicto, entre oralidad y escritura que, lejos de afirmarse como alianza de elementos estables, muestra su inscripción en un conjunto de configuraciones históricas, sujetas a combinaciones relativas a cambios y desplazamientos de categorías y términos. Mientras el monasterio advierte la ruptura entre su presente y su pasado, procura su seguridad en la confesión y el dominio del "entenado" y se constituye como grupo en el saber del otro y sobre el otro; de este modo se erige en el portador de los valores éticos y culturales de la razón occidental. Mediante el desvío y la carencia sufridos, que el narrador testimonia, Occidente legitima su identidad en el corte que lo separa y hace volver de la negrura sin nombre. La serie de leyendas, versiones, relatos de viajes y cuadros etnográficos signa el espacio jurídico y cultural de un grupo de letrados, es la marca de una elite que ostenta las prerrogativas políticas para colocar la razón occidental como la punta de lanza del humanismo.

Los enfrentamientos tácitos entre el padre Quesada y los clérigos del monasterio, el recelo y encono que éstos le guardan solapadamente, constituyen la puesta en escena de las divisiones del cristianismo, en tanto el dogmatismo residual del medioevo cede terreno a una cosmovisión impregnada de una religiosidad humana, hedónica y vitalista. Volver a adquirir la lengua materna y recuperar los genuinos instintos por la vida son el fruto de una ardua labor emprendida por quien es asumido como maestro y tutor. Pero es justamente la instrumentación de la letra lo que desborda los resultados de observaciones y prácticas instituidas en el medio de investigaciones y taxonomías, porque el padre Quesada toma las condiciones inconscientes de una existencia tribal que no es admitida en el concepto general de "lo humano". Si su voz o su palabra se instituye en el lugar o el lenguaje del otro es porque no sólo recompone las representaciones que su grupo de pertenencia se da a sí mismo; también pone de relieve la crisis y el exceso que esas leyendas y narraciones simbolizan en una esfera cultural, las inevitables alteraciones provocadas por el impacto de encuentro entre mundos distintos.

La operación escrituraria del padre Quesada produce y preserva las verdades que legitiman a Occidente como sujeto histórico; sin embargo, los murmullos y rumores de palabras evanescentes que lo apoyan no sólo sustentan el sistema occidental y moderno: al esperar el surgimiento de aquello que lo escrito dice de lo salvaje, la mediación del otro neutraliza la potestad de la civilización. Al decir de De Certeau, la expresión salvaje se instala en el imaginario como joya ausente, como ausencia de sentido que al vaciar el tiempo es el momento robado o un instante de encantamiento y desliza así la inconsistencia de la falta de comprensión, el relato poco durable que se deja resbalar resistiendo a su transmisión. Connotada por la oralidad y el inconsciente de una palabra perdida, la voz ajena remite a la fábula que se extravía en cuanto se cruza el umbral del presente y el ámbito de una audición restringida. Pero, además, la locución limitada al círculo salvaje del olvido no está refrendada por el crédito que beneficia a quienes hacen la historia por ser éstos, los occidentales, el resultado colectivo de una práctica vinculada indisolublemente a la escritura y al permiso jurídico que reglamenta la posición del yo que enuncia en el marco de un trabajo conjunto. El sujeto acreditado que accede a la enunciación historiográfica y la alteridad anónima diseña una extensión entre el instrumento decisivo capaz de retener las cosas en su estado puro y el reino salvaje que olvida el origen porque la fábula lo pierde. El grupo al cual pertenece el padre Quesada cuenta con los elementos para acumular y archivar los secretos inquietantes del lado de allá pero, no obstante, se enfrenta irreversiblemente ante los intraducibles cantos y frases de los indios.

En ese escenario de conflictos, cada personaje compone el elenco que representa el referente religioso, allí donde la palabra salvaje se sustrae al estado prístino de las cosas; de esta manera, la oralidad esquiva la posibilidad de retener el pasado restando a su modo de producción tiempo y espacio, pues la palabra no puede atravesar distancias ni separarse del cuerpo que significa, es decir, del acto de enunciación.

En este sentido, el "defghi" que el entenado no logra decodificar, o la lengua que él mismo no alcanza a salvar del impedimento, constituyen los fragmentos alterados de un mapa exento de una recta significación, los trozos de lenguaje desfasados de la transmisión y del cuerpo de verdad que constituye la escritura.

El anhelo de acceder a la ley primitiva forma una serie de rutas cruzadas, de rodeos y desvíos compatibles y adecuados a la expresión concebida como tiempo presente y presencia

del cuerpo que habla. El habla o la palabra cobran contorno
en la fábula cuyo significado mantiene una relación etimológi-
ca con la oralidad sin restringirse al ámbito de la mentira; en
este sentido, también asume la propiedad de una suerte de
añadido o de plus que siempre agrega algo al origen de las cosas, al principio de las leyes tribales, a los legendarios comienzos de las generaciones. Pensada como desplazamiento de la
verdad contenida en el lenguaje o en los textos que funcionan
como misivas del saber, la fábula adquiere el carácter de la herejía por abrir grietas en el discurso occidental cuya exégesis
comprueba los límites o el agotamiento del poder cultural. Si
el entenado confirma como su obsesión los trayectos bloquea-
dos hacia lo inaccesible que se emprende desde el lenguaje, el
padre Quesada reinstaura el problema del sentido y lo real a
través de las incipientes expresiones de su discípulo, de sus
sílabas demoradas, de las vacilaciones de una comprensión
tardía. Pero el sacerdote instala a los indios como componentes para ampliar el marco del debate en torno de la esencia de
lo humano, con lo cual logra irritar a la congregación, dema-
siado provocada ya por sus hábitos nocturnos de compartir
charlas y vino como para tolerar las peligrosas consecuencias
de la extensión de su saber. Aquí se inscribiría un punto de
transición entre las utopías medievales del buen salvaje, con
sus paralelas tendencias a la domesticación de la palabra exótica, y una perspectiva que llega a divisar la opacidad babéli-
ca entre el mundo y la lengua. Cabría insistir, entonces, en la
larga tradición medieval con que el "buen salvaje" sedimenta
el suelo de las expectativas modernas. Porque, tal como señala De Certeau –en su ya citado libro *La escritura de la historia*–, Lery –podemos pensar también en Montaigne– asegura
esa transición al focalizar el conflicto entre palabra y letra,
mostrando la relación que el cristianismo de la Escritura
mantiene con las tradiciones orales del mundo salvaje. Luego
del espasmo por la incomprensión del sonido tupí, es posible
enmendar el tiempo productivo, impulsar y seguir la marcha
progresiva de la Historia. Palabra y escritura no serán elementos estables, más bien ponen en evidencia un nuevo uso que
es posible notar en las historias de viajes o en los cuadros etnográficos. En este sentido, las determinaciones recíprocas

que afectan los desplazamientos de lo escrito y de lo oral definen la pertinencia de una función en una nueva órbita social.
Del siglo XVI al XVIII, Europa occidental sitúa esta diferencia en
un doble trabajo hacia la relación con el hombre "salvaje" y
con la tradición religiosa. La elite intelectual se enfrenta con
el Nuevo Mundo y con el "crepúsculo del cristianismo medieval". Si la genealogía ausente del personaje deja marcada la
procedencia marginal, en la novela de Saer se potencia el itinerario del centro (Occidente) a los bordes (el reino exótico),
donde la barbarie aplaza el referente ortodoxo frenando la
vuelta a la caución de la identidad. En las narraciones de historias, en las misivas etnográficas, la mediación del otro in-
funde la letra productiva y fundadora sin cerrar el reencuen-
tro con lo mismo de "por acá".

La fábula se constituye entonces como palabra que encarna el desgaste por desvíos y negaciones de los avances y retrocesos de destinos prefijados y desmarca la tradicional dependencia con el cuerpo de la verdad ortodoxa, sea bajo su
rúbrica secular cuya juridicidad se instala en el marco de los
saberes que fijan el límite de lo pensable o bajo la institución
religiosa cuyos sistemas teológicos funcionan con la forma del
proyecto totalitario de una ley o razón de Estado. La fábula,
por lo tanto, establece una dinámica en tensión conceptual
con la herejía, figurada en la "estructura bipolar" como palabra que se desplaza respecto de lo que no es la Iglesia y Occidente, como "unidad exterior" de aquello que se consolida
en torno del pensamiento universal del mundo. La manifestación herética involucra tanto el discurso racional y la visión
cultural y sagrada, por descentrar el cuerpo de doctrinas que
hacen creer en lo que se es. Se prepara así la extensión de la
frontera que resguarda este conjunto de verdades aglutina-
das alrededor de un grupo, para relativizarlas, mutarlas e in-
vertir los papeles recíprocos de la sociedad. En Saer, la oralidad o la voz salvaje se sustrae a la interpretación intermedia-
ria cuya consecuencia más inmediata es obliterar su transformación en producto utilizable. Su viaje no supone el cierre
circular de quien clausura el capítulo itinerante en Occidente porque no hay vuelta que sustente la exégesis. En este sentido, el tiempo no está concebido como producción que acele-

ra y cristaliza el engendramiento de la historia. En cuanto
disciplina y praxis que autoriza el campo y el trabajo de un
grupo, la historia desecha los residuos de un registro que insiste en marcar la experiencia de lo intransferible y, así, los
restos escandidos de los gritos y sonidos emitidos por los indios promueven la experiencia intemporal de un presente inmediato antes de asumir, por la trama de la escritura, los resquicios que actualizarían el pasado. Cuando escribe su relato, el entenado presenta el reverso, la contracara de la escritura y sus productos dogmáticos, plegando y expandiendo
una operación que no cesa de generar un saber hecho de suspensiones y de intersticios. Si la historia se manifiesta como
cuerpo textual, la narración del viajero se anuda en la errancia, en el diálogo opaco, sordo y material con el deseo que ale-
ja y difiere el final, el acierto y la comprensión.

La palabra salvaje anula el crédito que Occidente se otorga en su rol de sujeto de la historia a la vez que aplaza el
tiempo con su reaseguro y garantía de un saber incrementa-
do por la validez universal. Legitimado como resultado de la
herencia divina, el poder cultural que representa la congregación monacal a la cual adscribe, aunque con ambigüeda-
des, el padre Quesada, le encomienda a la escritura la función de expandir el saber. En cambio, si hay algo que la escritura del narrador retiene de la práctica crediticia, lejos de
ser la vuelta, el "pago" o retorno circular, es la instancia diferida y siempre ausente, el gasto y la pérdida renuentes a la
confrontación y a los acreedores políticos. Se puede pensar,
desde esta perspectiva, que los estudios, debates y polémicas
que entablan los religiosos entran en sintonía con los problemas que plantean y enfrentan los cronistas quienes, obte-
niendo prestigio, confianza y apoyo mediante préstamos mo-
netarios, contraen las obligaciones acordadas y convenidas
en el pacto con la corona. Estos viajeros se convierten entonces en deudores de un acreedor que espera la retribución expansionista, el aumento imperial de su saber y su territorio
cuyo apremio se inscribe como marca silenciosa de un interlocutor amenazante. Esto es posible leerlo en el diario de viaje de Cristóbal Colón, cuyo relato trasluce los operadores
emergentes de una escritura que sabe encontrar e inventar

objetos de interés inesperado para demorar la revelación de su fracaso, para aplazar el pago y retribución del crédito obtenido. La escritura de Saer es, en cambio, registro clivado que persiste deliberadamente en los riesgos de la demora y la diferencia, no busca sustitutos para reemplazar el precio de una garantía porque construye su saber en el tiempo de la escritura y no antes. Monta el andamiaje de una subjetividad escindida antes de procurar o promover la conservación de los previos secretos y acciones de "por acá". La escritura de la narración en *El entenado* no se constituye como reservorio o como archivo de las cláusulas jurídicas del sujeto histórico porque no acumula los precedentes que declaran el poder expansionista ni la preeminencia de un saber. El personaje, antes de aparecer como la voz autorizada de la rúbrica occidental, repone las instancias simbólicas por las cuales se constituye en el mismo trayecto de la búsqueda, en la desviación que lo singulariza, que le es propia.

Como narración intensa y reconcentrada, la experiencia de la historia asume un acto de impresión; es en este sentido como el acto autobiográfico legitima la valiosa precariedad de la experiencia, marcando los instantes grabados en la ingrávida lejanía de las pérdidas y renuncias. Y si el narrador se sitúa en el lugar desde donde puede objetivar, replicar, observar, no es porque la recepción de los hechos sea producto de un reacomodamiento cabal sino por la experiencia lacerante de una lengua olvidada que no obstante guarda un incierto y paradójico privilegio: la dolorosa lucidez que pone distancia entre la vivencia individual y las versiones difundidas sobre los indios por las concepciones de época.

COMEDIA Y PANTOMIMA:
LOS GESTOS DE LA REPRESENTACIÓN

Dos escenas construyen el universo histriónico en función de la mímesis: la comedia montada por los actores ambulantes y los juegos secretos de los pequeños indios. Pensados como núcleos figurativos, condensan una serie de elementos que, sin dejar de apuntar y aludir a la representación, llevan el problema más allá de los registros gestuales o de índole meramente visual. Lo que estos pilares ponen de relieve es, además, la cuestión fundamental de la relación que la lengua establece con lo real, donde las posiciones del sentido se generan como las variables complejas del proceso de la significación. Mediante los artificios del teatro, la lengua hace funcionar sus operadores o mecanismos productivos: la repetición y el desplazamiento. Mientras lo primero actualiza o reduplica su objeto en tanto reposición de lo real como lo narrable de un mundo, lo segundo se enfatiza como la deriva planteada no sólo como la circunstancia explícita de los actos itinerantes o nómadas sino como la fabulación tramada por la serie de versiones, por los rumores que circulan y proliferan hasta el desvío y la distorsión borrando el comienzo o la escena primitiva en tanto pérdida de lo primordial. Por supuesto, el vínculo que ambos operadores mantienen es de tensión, no se excluyen ni se oponen de modo taxativo, antes bien, se involucran, se penetran e interfieren a través de la frontera o el límite, en tanto operaciones de corte que el lenguaje plantea por su posición ante lo real. Si la repetición asume en el cuadro gestual un tácito supuesto de los objetos del deseo, de mostrar o de contar; la referencia, como despliegue de aquello que se trae de vuelta, admite un bloqueo inherente que opaca y contradice la utópica transparencia de un saber previo, exterior o añadido al lenguaje. En este sentido, las risas de los pequeños indios acompañan sus juegos configurándose en torno de una serie de movimientos miméticos, repitiendo gestos del comienzo, no sin que las risas y sonidos transformen y desmarquen sus posiciones iniciales. Desde esta perspectiva, sobre las tablas de la compañía se enfatiza la incidencia del viaje, generando ya en aquello "relatado" o "representado" la movilidad y el desplazamiento; se sustentan así los añadidos, remiendos y ornamentos, cuyas modulaciones alejan y difieren los ajustes con el principio básico de una historia lineal. En este sentido, el teatro de actores ambulantes figura la instancia del viaje aunque conserve también las remisiones literales de los intérpretes vagabundos de una historia singular.

El relato del entenado inscribe la tensión entre el pasado y el presente con lo cual ingresaría en el sistema de autorizaciones que legitiman a la escritura etnológica, a lo que puede añadirse el trabajo sobre las nociones que constituyen su campo. Desde esta perspectiva, si la palabra salvaje se extiende ante el narrador como el silencio inconsciente de expresiones inescrutables, es porque su circulación escamotea al extranjero la génesis y el uso de sus reglas. Así, la evanescencia de lo oral vislumbrado en el círculo donde convergen "las cosas en su pureza" (p. 211) es apoyada por un grupo de leyes etnológicas que organizan el espacio del otro, desterrando no obstante la temporalidad y garantía de la historia. El lenguaje oral excede entonces la acreditación que la historia deposita en una conciencia reconocible opuesta a la extraña significación de los fenómenos colectivos. La palabra de los indios viene a sustentar de algún modo el saber occidental (mediante la efectividad de la vida salvaje, de eso otro que aparece allí) y a inscribir una significación provista por el desciframiento, que en la escritura de viajes surge como incierto y equívoco. Y es la escritura precisamente lo que opera el desfase mediante el cual lo otro se introduce en lo mismo, como efecto de la exterioridad, de la extrañeza filtrada en el mundo propio. El reajuste que intenta realizar la traducción respecto de la ruptura cultural que supone la alteridad no logra absorber, no puede corporizar la ausencia que el habla supone; no alcanza a cubrir su vacante. La traducción, el "acercarse" al lugar de los indios, es asumido por el entenado como una suerte de respuesta ante la incógnita de la enunciación (la de los indios y la suya propia) y sus referentes. Diría que puede disminuir la distancia, pero nunca suprimirla. La voz del indio encarnada en el "defghi" termina así por escapar a la legalidad de un sentido disciplinado por la codicia de un observador foráneo, cuyo deseo es traspasado y traicionado por lo que oye y no espera. Como lo que llega no se parece a nada, el sentido se sustrae a la condición del verosímil insinuándose como lo indecible a través de la dehiscencia metafórica. Y si según Michel Le Guern la ruptura con el límite del lenguaje se produce por la designación de realidades que no pueden tener términos propios, la metáfora funciona a la vez como traducción que altera y trastorna el enunciado, que desgarra la "verdad" dicha en un doble ardid;[1] la voz del salvaje representa un sujeto que no se nombra ni se dice, constituyendo sin embargo el objeto de com-

---

1. Michel Le Guern (*La metáfora y la metonimia*, Madrid, Cátedra, 1985) reconoce que, mediante una selección sémica, la metáfora expresa solamente un aspecto de lo que se designa y, pasando revista a las diversas funciones del lenguaje, advierte cómo la metáfora participa del cumplimiento de cada una de éstas. Desde esta perspectiva, va a subrayar que entre sus posibilidades la metáfora da nombre a cosas para las cuales la lengua habitual no tiene reservadas expresiones adecuadas. Complementaria a esta observación es aquella que se centra en los aspectos de provocación, en los efectos de lectura generados a partir de la ruptura con las bases lógicas del lenguaje.

Volviendo a la variante lacaniana a que aludía Noé Jitrik en referencia a la escritura, la doble operación del lenguaje, a saber selección y combinación, puede asimilarse, respectivamente, en los ejes

prensión por generarse la escritura como respaldo de un saber. Así, la exterioridad que los indios representan para el
entenado –y a la inversa– se destierra del discurso pero su
irrupción, aunque se distinga de la reproducción escrituraria, retorna en tanto efecto del olvido o de un arrebato. Tanto las representaciones teatrales como los coercitivos interrogatorios construyen, mediante sucesivas modificaciones, el
escenario sobre el cual se va a proyectar la ficción de un lugar indeterminado, con una distribución de roles asignados
para dar cuerpo a una ausencia. ¿Cómo acceder al discurso
del otro? ¿Qué se puede captar de una palabra irresistible y
perdida en la lejanía del éxtasis? El teatro queda montado
para dotar de un nombre a esa "otra cosa" que desgarra los
rótulos fijos de las clasificaciones creando orificios por donde el saber se escurre volviéndose furtivo. Cada escena viene
a engendrar potencialmente la comedia que objetiva los marcos de referencia de una comunidad, de una sociedad, cata-
lizando en cierto modo la excepción herética, delictiva, de los
salvajes que con sus cantos y gritos insensatos traicionan la
topografía estable de un orden social. Las remanencias de
cenizas antiguas como muestras remotas de un caos ancestral proceden como la génesis elemental no tan sólo en la
fiesta teatral de un banquete cíclico. La orgía difiere de ello
porque es a la vez secuela y fundamento ontológico de un
mundo que ve en el gasto y la aniquilación la explicación ine-
vitable de su desdicha. La fiesta bárbara concede pleno derroche al canibalismo, la borrachera y el desenfreno erótico,
cuyo espectáculo ritual se precipita como derrotero ineludible ante la mirada exterior del extranjero. No obstante, la línea donde se sitúa el entenado es de intersección, pues si no

---

de metáfora y metonimia, fundamental para pensar la supremacía
del significante. Es a partir del deseo donde se repone de continuo y
siempre en otro lugar el objeto perdido, cuya muerte intenta conju-
rar la representación (el lenguaje interferente entre el sujeto y la cosa). Por esta cadena de sustituciones toma su ruta la metonimia, ce-
diéndole a la metáfora un "plus de significación". Véase Jacques Lacan, "Seminario sobre «La carta robada»", en *Escritos 1.*

permanece del todo afuera tampoco participa desde dentro, practicando entonces una suerte de juego dual entre el margen y la transgresión a la ley ajena. De alguna manera, esa línea interdicta que atraviesa desde la narración se figura como la cita obliterada de la palabra colastiné, en una doble instancia metafórica. Por un lado, el efecto literario de un silencio irreductible que el "fuera de texto" bárbaro hace estallar en la lengua occidental, aquella lengua de "por acá" que procura traducir, interpretar. Por otra parte, la escena del interrogatorio al marino de regreso sugiere la proyección de la cita legal, el acto conminatorio del tribunal en el que son indirectamente interrogados los indios. La cita, de este modo, es la marca jurídica de un salvaje intangible que retorna como otro al discurso que lo prohíbe, lo censura o lo calla. Por ello, la oralidad exótica balbucea a través del lenguaje imposible y reprimido del entenado. Pero una vez recuperados el habla y el mundo, el narrador reflota la palabra perdida de aquellas costas vacías, no en el crédito otorgado a la validez de un código establecido sino en el derrotero mismo de la lengua en su viaje perpetuamente frustrado hacia lo real.

Indios y entenado constituyen así universos paralelos que ilustran el común enigma del incierto lazo entre percepción y vida, la ingrávida errancia por caminos fantasmagóricos. Como ratificación de la experiencia, la escritura advierte a través del presente la tenue sensación de lo indecible que los regresos cotidianos tienen. Hay un aura de eternidad en el presente donde el instante se renueva a pesar de ser un momento que se reitera noche a noche, en la habitación vacía donde la repetición pone de relieve la singularidad de cada cena. Los objetos simples y cotidianos, las mezclas relumbrantes de las aceitunas, platos y velas, advierten la clave misteriosa de los destellos y fulgores que señalan la paradójica e irrefutable densidad de la existencia.

Si lo real impone un pasaje tenue, el paso frágil de una lenta deambulación, la diferencia insiste en ofrecer en la otredad de los detalles exteriores un modo de corroborar o sostener la vida. Mirarse desde afuera abre la posibilidad de asirse cuando los indios se graban en los ojos extranjeros y cuando el entenado peregrino representa su propia leyenda

que comparte con la compañía de actores. Y un modo de ensayar y traducir la percepción de oquedad y vacío es el gesto
de la pantomima (pp. 107-111). Hay algo en común entre la
relación de los actores y el público, la señal fingida y prevista de las posturas y las palabras y el moroso e interminable
saber que aplaza el develamiento de lo real. Si el éxito de la
representación teatral exige como pago la transacción de la
identidad, la pérdida definitiva del nombre propio en trueque
por la filiación adoptiva, la subjetividad asume la borradura
del yo, porque lo tangible extrema su desaparición al contraer el compromiso de una ausencia definitiva; el entenado
promete no volver aunque su partida consista en un retorno
empedernido por las sendas de perfumes y rumores olvidados. La lengua, por su lado, viene a designar el sentido de lo
real como apariencia, cuya significación volátil, evanescente,
muestra el desgaste que su reticencia e inestabilidad transfieren a la percepción. Frágiles y lábiles, los sentidos que se
aglomeran en torno de 'parecer' extienden su veta negativa,
porque en la lengua de los indios –que el entenado tarda
años en decodificar– no connota similitud sino desconfianza.
El término 'parecer' significa *exterioridad, mentira, enemigo,
eclipse, ver*. Quizá el entenado haya podido asumir esta falta primordial en la inexistencia de palabras que para los indios identifiquen *ser* o *estar*. Es así como para los salvajes
las cosas se sustraen a los sentidos aunque la experiencia
les devuelva la necesidad de corroborar su propia consistencia ontológica. Si el lenguaje escamotea la garantía de posesión sobre las cosas, porque no hay posibilidad de asignar
atributos fijos, nítidos de existencia, el exterior se vuelve
amenaza, ciénaga, por donde la culpa innata acecha como la
nada, la propia muerte o la extinción en el vacío. Ver, en esta misma perspectiva, un acto de inmolación desesperada,
una angustia extrema que culmina en la escena de la antropofagia, implica también la lectura que advierte un atisbo de
la misma violencia latente en la actitud exageradamente sumisa, ordenada y cordial de donde procede el retorno de la
impotencia, la energía y el deterioro más arcaico. Si, como dice el narrador, "lo externo les quitaba realidad" (p. 123), lo
que viene de más allá del horizonte circular los insta a devo-

rar, a aniquilar la masa desconocida de lo que no pueden nombrar, vaciándolos de una densidad que ellos vislumbran como ilusoria. Tanto su lengua como el rito puntual de violencia, destrucción y resurgimiento señalan con el deseo de verse y eternizarse en los ojos de afuera una falta de esencia cuya teatralización es también la evidencia de los huecos que intuye y sufre el entenado a través de su propio éxito actoral y de los enigmáticos juegos y mímicas salvajes. Pero a partir de los gestos, palabras y representaciones escénicas la ausencia de lo real toma visos de réplica, allí donde la mímica y la clave no apuntan sólo a duplicar objetos sino a torcer el rumbo de una designación que los arroja inexorable al abismo de lo inenarrable. Así decía que la morosidad y la lentitud, las marcas obsesivas y recurrentes en la narración, no son meros fracasos de eficacia en lo que respecta a los asuntos de los signos y la denotación sino que inscriben el trazo oblicuo de la repetición, del saber sobre lo real que reserva una frontera inefable, una zona ilegible traducida en equívocas marcas de reiteraciones y desvíos.

A MODO DE CONCLUSIÓN

Mi lectura se orientó de acuerdo con ciertos disparadores que funcionan entre ambas novelas como estructuras relacionales, como constelaciones renuentes a fijar las zonas matrices o los puntos de conexión en tópicos previsibles o premoldeados. Por ello, lejos de restringir mi lectura crítica en los tópicos o los "asuntos", evito el amparo tranquilizador que brindaría una metodología comparatística y prefiero advertir sentidos, direcciones y modos de producir o de funcionar en el proceso de la escritura, en su modo de actualizar discursos y absorber imaginarios para construir nuevas ficciones. En esta instancia, los textos abordados reponen dos viajes: la conquista española y el "redescubrimiento" de los ingleses alrededor de 1800.[1] En la primera de estas genealogías, Saer inscribe algunos de sus tópicos

---

1. El artículo de Isabel Stratta ("Los libros de viajes. Un mapa de palabras", en *Clarín*, suplemento "Cultura y Nación", Buenos Aires, febrero de 1992) se orienta hacia los múltiples derroteros que los libros de viajes nos ofrecen desde diversas tierras y épocas. Dentro de las variaciones que este material le suministra, la crítica realiza una argumentación circular en torno del nacimiento y la "decadencia" de un género que nació ligado a la aventura y a la conmoción cultural. Hay cierto tono de nostalgia que no oculta cuando determina la pérdida de su

y la representación historiográfica mediante el registro de
determinados ámbitos y referentes fácticos.[2] En la segunda,
Aira hace uso de ciertos lugares comunes de la historia o la
literatura, apropiándose con desenfado de todos los mate-

---

aura, el fin del género en la "sosegada estrella" del turista, en el bie-
nestar y las comodidades aludidas por la burguesía de la *belle époque*.

Mabel Itzcovich ("Visiones inglesas" en *Clarín*, suplemento "Cultura y Nación", Buenos Aires, febrero de 1992) apunta a la visión de
los ingleses como aporte y patrimonio para la realidad de Sudaméri-
ca a partir de 1815. Sujetos de ocupaciones múltiples (comerciantes,
científicos, religiosos, filósofos), sus crónicas de viajes se caracteriza-
ron por el colorido de vivencias transmitidas y una curiosidad voraz.
Pero el choque de culturas y códigos es también objeto de reflexión,
tal como sucede, además de Charles Darwin, con Francis Bond Head
y, sobre todo, con Guillermo Hudson. Sabor a aventura también se
desprende de la ardua y prolongada ocupación de las pampas, la Pa-
tagonia, los territorios australes y los contrafuertes andinos. De esta
literatura –producto argentino de una violenta exploración– se ocupa Jorge B. Rivera ("Escribir contra el desierto", en *Clarín*, suplemento "Cultura y Nación", Buenos Aires, marzo de 1985), quien remite a
la obsesión de Sarmiento por la soledad del desierto. A pesar de los
antecedentes que algunas cartas relacionales de jesuitas como José
Cardiel remontan hasta el siglo XVII, los debates sobre la identidad y
territorio nacional se reactivan en forma acuciante en la década del
70 con escritores y científicos genuinos de la talla de Lucio V. Mansilla, José Hernández, Eduardo Gutiérrez, Francisco P. Moreno y Es-
tanislao S. Zeballos, tocando la problemática (ideológica y filosófica)
de la literatura de fronteras.

2. Noé Jitrik (*Historia e imaginación literaria. Las posibilidades de un
género*, Buenos Aires, Biblos, 1995) sostiene que el surgimiento y desarrollo de la novela histórica se debe a la potenciación correlativa de
ambos términos, novela e historia, propia del romanticismo. Así, desde una perspectiva latinoamericana refuta los reparos ideológicos
que tiene György Lukács en reconocer las condiciones genéricas y
culturales encarnadas por ese movimiento. De este modo va a ocu-
parse de conceptos y categorías que le dan a su enfoque un carácter
teórico por reconocer un objeto y asumir determinados problemas.
Así, nociones como "escritura" y "decisión" pueden dar cuenta de las
variables y los cambios que se van presentando en la historia de un
modelo. Esto es lo que explica la relación compartida entre *Trafalgar*,

riales, sean citas, referencias, anécdotas o nombres propios, que van a proporcionar a su modo de narrar un amplio repertorio: un entramado artesanal de quien cuenta

---

Xicotencal y *Yo el supremo*, así como la zona marcadamente literaria
hacia la cual dispara esta última. Para ello es necesario detenerse en
su concepción de escritura como proceso de producción cuyas operaciones inherentes dan forma de objetos y efectos a una dimensión imaginaria. La complejidad de estos implícitos operatorios es lo que permite la remodelación de textos que, si bien pueden conservar algunas
marcas de origen, van a nutrirse de nuevos requerimientos y saberes
en la inflexión positivista hasta llegar a las últimas décadas del siglo
XX, como es, precisamente, el ejemplo que da Jitrik de *El entenado* de
Juan José Saer. Esta novela parece integrarse dentro de la "significan-
cia global" que sustenta la fórmula donde "novela histórica", lejos de
suponer una imagen natural, implica una autorización filosófica producida hacia fines del siglo XVIII que favorece la reunión de términos
disímiles, hasta provocar, en términos de Jitrik, un oxímoron. La novela histórica es asumida como práctica y disciplina en la ruptura misma de los límites semánticos de cada término, relativizándose la carga
de "mentira" y "verdad" en tanto órdenes o dimensiones, en definitiva,
de la lengua o la palabra en sus relaciones de apropiación del mundo.
Aquí la verdad de la historia se considera como la explicación racional
del pasado cuyo fundamento es el campo de representación, y su complemento reside en la ficción entendida como conjunto de procedimientos. Es, por ejemplo, en la organización que le confiere al tiempo
un espacio pertinente mediante la estrategia discursiva o genérica de
la "relación", del "relato", de la "referencia". Lo que une estas palabras
es una raíz verbal común que Jitrik reconoce en el verbo latino que
quiere decir "volver a traer": *refero*. De aquí provienen 'referir' y 'referencia' pero aun el verbo 'fero' con los prefijos 'di' y 'trans' canaliza en
'diferir' y 'transferir', lo que permite pensar en la estructura de la novela como puesta en escena del diferimiento del final, vinculándose así
la idea de referencia con la de diferencia en su matiz de alejamiento y
diversificación. Quizá de esta idea podamos tomar prestada cierta noción de recursividad que a la narrativa de Saer –en la novela que nos
ocupa– puede resultarle inherente. Pero también, en lo que atañe al
saber referido por la novela, debemos pensar que en este caso no se
trata del "saber adquirido", aquel que "determina el uso narrativo del
tiempo pasado y de la tercera persona", como afirma Jitrik respecto del
relato clásico. En *El entenado*, si hay algún saber, éste no precede a la
narración, no le es anterior sino que se construye con ella.

historias nivelando los estatutos de certeza con la quimera
o la fantasía.

De cualquier manera, invenciones e inventarios fundan
el espacio de un mito de origen que, en lo que respecta a
Saer, repone los comienzos de los delirios especulativos de
la conquista. Si Marco Polo en el siglo XII marca las bases
del saber y la función del relato que el viajero le debe a su
señor, el entenado cuenta el fracaso que niega al capitán y
su tripulación la posibilidad de enumerar los hallazgos, de
contabilizar los réditos futuros que entre oro y especies jus-
tificarían el alto costo que el viaje significó para la corona.
La invención del Nuevo Mundo por la conquista y el lenguaje desmesurado que Isabel Stratta categoriza como "realismo mágico" de alguna manera cuentan las desavenencias
entre el discurso europeo que concentró sueños y expectativas y el reino inaprensible de otra realidad cuya novedad genera un lenguaje extrañado por parte de quienes narran.
Son esos desajustes entre América y Europa los que tradu-
cen el impacto con metáforas que buscan registrar la literalidad o la inmediatez de imágenes nuevas y desconocidas.
En cierta forma, las crónicas dan cuenta de esta fabulación
del origen; a medio camino entre el discurso historiográfico
y el registro literario conducen a una grieta donde fundar es
nombrar por primera vez y donde confluyen el mito heroico
del valor intrépido con el fracaso, la desesperanza y la rebe-
lión. De alguna manera, a esta suerte de bautismo nominal
apunta Lévi-Strauss cuando recuerda las sirenas y los "árboles de ovejas" que "describe" Colón lo cual, lejos de ser
una clara referencia visual, establece una suerte de contacto anticipado con los objetos cuya existencia no es autóno-
ma sino que en conjunto preforma para quien recién llega
una fisonomía imponente, hecha de matices y presencias diversas, inagotables, pero que atañen a la única y global entidad del nuevo continente. Quizá sean los perfumes inciertos y resplandores furtivos los que generan en el navegante
el extrañamiento perceptual. Quizá sea el atisbo gradual de
América el que figura una imaginería sensorial descansan-
do en una entrevisión, en una amalgama de destellos y ful-

gores, en una insinuación que aunque termine por abrirse
a un sinfín de morros, selvas y cascadas se recortan todos
para la sola y grandiosa dimensión del Nuevo Mundo. La
misma impresión de violencia y enormidad con que desde
fuera se perciben las formas grandiosas de América afecta
la mirada del pasado y del presente, motivando un juego pa-
ramnésico, la experiencia de tiempos simultáneos donde la
historia es el telón que cubre la frescura y los cielos de este
continente. "De esas costas vacías me quedó sobre todo la
abundancia de cielo." Así, ya desde el comienzo, Saer narra
la experiencia de un espacio abrumador filtrado por sueños
en la brisa y la intemperie, bajo la luz cercana y aplastante
de las estrellas. Curiosamente, en "El mar de los Sargazos",
Lévi-Strauss también procura traducir el impacto y la emo-
ción de "aquello que me aplasta por todas partes". De este
modo, la violencia de la conquista cambia de signo, formando ahora una suerte de constelación entre la dimensión del
referente histórico y el rasgo que connota el discurso des-
bordado del vértigo y el asombro.

Por otro lado, lo que hay de padecimiento, "horror" y antropofagia en Saer constituye un punto de reflexión filosófica, la mirada intensa y morosa sobre el otro y el propio yo.
Distinto es el caso que presentan las crónicas de Ulrico
Schmidel o Luis de Miranda, por ejemplo, en una muestra
neutral y objetiva, como tendencia al testimonio.[3] Ya desde

3. El texto de Schmidel ("Viaje al Río de la Plata", en AA.VV., *Los fundadores. M. del Barco Centenera, Luis de Tejeda y otros*, Buenos Aires, CEAL, 1979) ofrece sus particularidades y "derroteros". Escrito
en Alemania en 1554, se edita por primera vez en 1567; su primera
traducción latina debe esperar hasta 1597, para aparecer de modo
abreviado en español recién en 1731. Aquí el autor y narrador, testigo de los hechos sobre los que se explaya en tanto extranjero,
muestra cierta distancia, cierta neutralidad entre los españoles y los
nativos, capaz de detenerse, aun en medio del horror y del hambre,
en las bondades de la naturaleza virgen. Incluso hay en su relato
una marcada tensión hacia la observación objetiva lograda como
efecto ficcional por un sujeto de enunciación que sabe manipular y
describir las secuelas del fracaso de la fundación.

los tiempos de *Nueva Coronica y buen gobierno* de Felipe
Guamán Poma de Ayala, se describe en detalles la vida de
los pueblos andinos para seguir con la denuncia de la explo-
tación y los abusos perpetrados por los españoles.[4] Oralidad, supervivencia, informe, es lo que persiste en la novela
de Saer como marca del corpus de la conquista. Sin embargo, el protagonista no apela ni al ingrediente fabuloso de la
monstruosidad ni a la antología de hallazgos exóticos, pues
no sólo reescribe su vida sino también la oralidad ajena escandida en su memoria. De esta manera, Saer no simula el
plagio arrobado por maravillas innominadas sino que remonta el curso tortuoso de un lento aprendizaje y reapropiación de su lengua.

Otro es el texto que arma y construye el viaje inglés, con
una sobriedad de estilo y una escueta gama lexical, limitan-
do su corpus al influjo de las ciencias naturales, centrales
en el período decimonónico donde se inscribe el naturalismo darwiniano. La clave de estos textos guarda algo de razón práctica, de intereses pragmáticos e industriales que ya
los románticos intentaron sustituir con la necesidad espiri-

4. Mary Louise Pratt (*Ojos imperiales. Literatura de viajes y transculturación*, Buenos Aires, Universidad Nacional de Quilmes, 1997) trata la literatura de viajes y exploración vista desde la expansión europea –política y económica– desde aproximadamente 1750. Su enfoque apunta tanto a ser un estudio de género como una crítica de
ideología, ya que su tema predominante son los libros de viajes escritos por europeos acerca de partes no europeas del mundo, creando así el "tema doméstico" del euroimperialismo. En este sentido,
trata de captar cómo la literatura de viajes y exploración *produjo* el
"resto del mundo" para Europa, en su empresa expansionista. De
este modo, el texto de Guamán Poma de Ayala constituye parte del
contexto material de este estudio por el problema de legibilidad in-
tercultural que representan estas mil doscientas páginas bilingües
dirigidas por un hombre andino al rey de España. Así, el concepto
de "zonas de contacto" le sirve a Pratt para analizar los espacios sociales en los que se encuentran y se enfrentan culturas dispares,
dando lugar a una compleja trama de relaciones entre subordina-
ción y dominio.

tual y con el placer que los viajes brindan. Aunque las descripciones de Darwin, Cook o Burton construyan el género sobre la base del compendio de información, la acumulación del saber, su difusión y archivo en los anaqueles de las bibliotecas occidentales, estos relatos reservan una zona aurática puesto que, aun con sus motivaciones utilitarias, no navegan bajo la calma y sosiego del turista. La aventura sigue funcionando entonces como gozne y llave de las historias que narran la vuelta al mundo. Entre los encuentros inesperados y alguna suerte trunca, la travesía inglesa se detiene con minucia en los detalles de fauna, flora, yacimientos y minerales, apartándose de la postura burguesa que simplifica y abrevia sus itinerarios y se constituye como el reverso de aquellos recorridos singulares y azarosos. Así, el relato burgués puede multiplicar, como una guía, un mismo recorrido, y aportarle al privilegiado turista innumerables encantos de un mismo paisaje. En cuanto a las relaciones intergenéricas, quiero mencionar también como ejemplo la novela de E.M. Forster, *Un cuarto con vista*, llevada al cine por James Ivory como *Un amor en Florencia*. Ambos géneros (novela y versión cinematográfica) dan cuenta de una literatura de viajes que va perdiendo su aura y quizá aquí se inscriba una cuestión fundamental. En los textos de viajes –no en los relatos turísticos que saben exponer tanto la novela de Forster como la versión fílmica de Ivory– desde los albores del descubrimiento hasta la contemporaneidad, el lenguaje es asumido como problema que percibe los límites, las fronteras opacas para dar cuenta de lo que se vio, la experiencia única, intransmisible padecida por medio de la voz, el canto o la pluma. El imaginario que transmiten los relatos turísticos, en cambio, resguarda los circuitos reiterados, previstos, anticipados, fáciles de registrar en las retinas de los visitantes burgueses, casi como instantáneas fotográficas.

Más allá de haber concentrado la lectura en dos textos de dos autores, me interesa delinear el contexto poético en el cual se insertan. Por ello, he recurrido a ciertos reportajes en los que César Aira insiste sobre dos fórmulas según su

propio modo de hacer literatura.[5] Una es la puesta en escena de un continuo y la otra es la construcción del mito personal. Leyendo sus ficciones podría pensarse en una suerte
de confluencia de ambas claves contra la manía de la ele-
gancia y la corrección y, correlativamente, puede suponerse
la construcción de una propuesta que invierte el signo del
canon: el carácter antiliterario de su escritura. En tanto
Gombrowicz y, sobre todo, Osvaldo Lamborghini son reco-
nocidos como sus modelos de escritores, Aira no escatima
torsiones que los aluden, ni el oxímoron sesgado que parece construir su estrategia retórica sobre la gestualidad de
sus manifestaciones; me refiero a las polémicas, al mito de
la automarginación y, en especial en el caso de Gombrowicz,
a la soledad de una presencia agresiva que, no obstante,
guarda sus insultos contra figuras que atraen la pleitesía,
por ejemplo Victoria Ocampo o el mismo Jorge Luis Borges.
Por lo tanto, si hay en su producción una exigencia o algún
reclamo perentorio, es la resignación indiferente por parte
del lector a ver escurrirse y resbalar los objetos en la carrera del sentido que, en su "huida hacia adelante", no escati-
man la contradicción metódica ni la incoherencia sistemática. Y quizá con esto, aun a riesgo de deslizarnos sobre argumentos inasibles, en afirmaciones que Aira sabe tan brillantes como falaces, podamos pensar que en definitiva se
trate de una concepción de la realidad. Como Gombrowicz,

---

5. A partir del género de la entrevista, Graciela Speranza (*Primera
persona*, Bogotá, Norma, 1995) traza un boceto autobiográfico de algunos narradores argentinos, construyendo así, en el recorte de una
singularidad, una imagen de cada escritor. Por su lado, Guillermo
Saavedra (*La curiosidad impertinente*, Rosario, Beatriz Viterbo,
1993) en sus reportajes sigue una ruta que va de la generalidad de
las vidas y trayectorias para destacar la particularidad de algunos
detalles y rasgos, también de cada narrador argentino. Para abordar
cuestiones de índole más general, resultó útil la entrevista que Hinde Pomeraniec realizó a César Aira, "Todo escritor inventa su idioma" (en *Clarín*, suplemento "Cultura y Nación", Buenos Aires, junio
de 1991).

Aira provoca y, como aquél, ejerce un culto deliberado por el modelo a través de la imitación, de la copia exagerada en su lealtad, hasta el punto en que llegan a filtrarse tanto en las páginas de su ficción como en las entrevistas, los gestos y las imágenes de aquellos enemigos del "belletrismo" que supo encontrar no sólo en Gombrowicz sino también en Roussel, en Lamborghini o en Copi.

¿Y su preferencia por Honoré de Balzac, su admiración por György Lukács? Tal vez habría que evitar las frases categóricas para decir que de nuevo se trata de afirmar el lugar de la literatura como "el reino de las intenciones fallidas". En este sentido, lo real rebrota compulsivo excediendo las restricciones programáticas y metódicas de la corrección, de la moral autoritaria que imputa errores, de la reacción y la eficacia. En Aira, la indiferencia se extiende en la escritura como práctica, en el texto como espectáculo, emergencia y disolución de un sinnúmero de cosas u objetos. El sentido logra así alcanzar direcciones insospechadas, ocurrentes, guardando en sus recorridos no tan sólo una idea de improvisación sino un modo de concebirlo, un modo de leer y escribir que se permite la plena libertad de lo neutral y lo indeterminado, la falta de reacción automática en tanto ensayo o experimentación que hace ingresar todo en el lugar de la ficción, que hace rodar "todo en la misma senda", en palabras de Saavedra. Para trazar los contornos de su poética, tal vez deba insistir en que esta idea de continuo pretende integrar la escritura y la vida, idea que si bien mantiene una filiación programática con la vanguardia histórica, curiosamente Aira la desliza hacia el emblema realista de Balzac porque, en sus términos, "él está en la vida, no como Zola que la mira desde fuera", según afirma Speranza. Con este pasaje móvil y reversible entre manifestación gestual, escritura y publicación y, sin discriminar episodios, asuntos o universos, Aira apunta a extender al infinito los límites de la narración. Quizá en esto podamos ver una categórica marca de separación respecto de Jorge Luis Borges pues, como bien lo señala Nicolás Rosa en *El arte del olvido,* en Borges precisamente lo que falta es la narración porque, si lo que opera en su escritura es el corte, el fragmento, tal como "El aleph" lo presenta, es esto mismo lo que soslaya la totalidad, en la visión narcotizada y la contemplación extasiada de los planos simultáneos de un centro siempre en fuga.[6] De alguna manera, Borges escritor y personaje sostiene, según términos de Rosa, "una paralógica de la ubicuidad", la ilegibilidad singular donde todos los fragmentos son Uno y Otro. Ahora me aproximo a la disidencia más extrema entre Borges y Aira. Podría decir que la matriz productiva en el primero consiste en haber realizado el programa de Stéphane Mallarmé "al pie de la letra". Así, en Borges, la heráldica genealógica trasvasa los blasones de las dos estirpes, los parentescos cuyas líneas fundacionales recibirían el legado del heroísmo criollo y el de la cultura occidental. En este sentido, la génesis de la escritura es el simulacro bibliográfico que, como en "Biografía de Pierre Menard, autor del Quijote", construye un repertorio de linajes ficcionales, herencia, abolengo, "realizados" en el culto deliberado por la cita y la biblioteca. Tal es el engaño perverso de Pierre Me-

6. En el capítulo "Texto-palimpsesto: memoria y olvido textual" (de *El arte del olvido*), Rosa plantea que la teoría borgeana de los precursores no implica ninguna relación de certeza, de origen o verdad, sino que más bien convoca la "dehiscencia" de la raíz, como encrucijada de la genealogía o desorientación del linaje. De aquí parte para proponer una metáfora de lectura o una versión irrisoria de toda hermenéutica sobre el "objeto Borges" convertido en artefacto "potente, semafórico, que marca los caminos, las vías, los derroteros, las fronteras y los límites de las zonas literarias y de los recorridos de la escritura". Cito mi trabajo sobre Borges ("Escenas autobiográficas. Sobre ancestros y linajes en Jorge Luis Borges", en CELEHIS, 9, Mar del Plata, 1998), que pone énfasis en la construcción del nombre, del mito y del lugar de enunciación mediante las citas, el saqueo textual, los homenajes y las deudas apócrifas, poniendo en funcionamiento los operadores relativos al sujeto constituido en el proceso de la reescritura y la traducción. Menciono también mi artículo "Usos y lecturas. Borges-Aira", ponencia leída en Jornadas de Homenaje a Jorge Luis Borges, 22 de septiembre de 1999, Escuela de Graduados, Facultad de Humanidades y Artes, Universidad Nacional de Mar del Plata.

nard, el intento o proyección de reconstruir la vida (sin duda, un efecto paradójico inscripto en el título del texto, al
aludir a la biografía) partiendo y llegando a la letra, a la significación bibliográfica. Si "Todo en el mundo existe para
concluir en un Libro", en el Libro Absoluto mallarmeano, la
escritura de Borges promueve un "escándalo geométrico",
según Rosa, por no poseer extensión, de allí entonces que se
derive la imposibilidad de narrar y la convocación "hechice-
ra de lo inenarrable".

Mencionaba antes "El Aleph" porque permite pensar la
operación matemática realizada en la escritura borgeana, al
privilegiar un punto en el espacio que, heredero de la mónada leibniziana, contiene todos los puntos. Desde esta perspectiva, el tiempo no es infinito sino infinitamente subdivisible, lo cual opone la visión simultánea a la sucesión a través
del punto, tal como sucede por ejemplo con los múltiples finales posibles en "El jardín de senderos que se bifurcan", o
las series del tiempo y el espacio infinitamente subdivisibles
en "La lotería en Babilonia" o "La muerte y la brújula". Borges efectúa una transacción sobre la divisibilidad de las partes para recusar el Todo como Uno. Desde esta perspectiva,
en la escritura borgeana el punto es aleatorio porque conserva el azar en determinados lugares de una cadena significante prescindiendo del logos del narrar. En este sentido, sos-
tengo el brillo y la solidez de la tesis de Rosa cuando afirma
que en Borges no hay extensión y, en consecuencia, no hay
relato, no hay duración porque no hay historia, puesto que
todo lo absorbe la infinita "fuga del punto". Y allí donde la escritura en su pura tensión deja un centro vacío, lo real se
funde en el Libro y calla. Contra ese enmudecimiento escribe Aira. Escritor que no comete una herejía deliberada contra el mundo; más bien sus narraciones se extienden indefi-
nidamente buscando sus artificios y estrategias en el campo
pleno de la libertad absoluta. Desprejuicio, soltura y desenfado marcan su filiación con Gombrowicz, por lo cual el azar
en Aira se manifiesta como plena libertad, como desacato a
sus propias y explícitas intenciones de escritor, a la matemática que calcula rutas y pronostica sueños y desenlaces. El
continuo, como los pasajes, ya no reconoce distinciones en-

tre mundo y literatura, porque en sus páginas la manía de
contar también llega a alcanzar los nombres precursores y el
suyo propio. Darle vida y movimiento a los mitos e ideologemas nacionales –los caciques, malones y soldados–, carica-
tura y ficcionalidad a "personas reales" de Rosario, forma
parte del imaginario que cruza texto y vida y de una política
de escritura que solicita ya no la ascética moral del demiur-
go creador, en un círculo incandescente, de un modelo de
lector puro.

Así, por ejemplo, su novela *Los misterios de Rosario* ya
desde el título parece nutrirse del folletín, así como adscribir
a cierta modulación del cómic y las telenovelas por algunas
referencias que aparecen allí, desconociendo de esta forma
los objetos privilegiados por la estética "con mayúscula"; pero también me refiero a *El bautismo* sobre la cual el mismo
Aira relata en una de sus entrevistas que se construye a partir de una anécdota real, contada por un cura, sobre otro sacerdote que no quiso bautizar a una criatura no del todo formada, y en la que él advirtió cierto ingrediente siniestro además de una "estructura de chiste". Aira nos contamina de
quimeras y contradicciones, de los riesgos que implica con-
travenir la tradición y la moral del canon pero, sobre todo, de
la reversibilidad absoluta que no esconde ojos ni oídos a lo
anecdótico y rompe absolutamente los lazos que dirimen entre aquello que es conveniente reservar o callar y lo que se
puede decir o publicar. Borges nos emplaza a agotar el mundo en la escritura. Aira borda, entre letra y vida, pasajes al
bies. En tal proceso consiste su uso paródico de la "tradición" y su concepción del término 'parodia' sin las restricciones de su acepción estrictamente formalista. Citas veladas,
préstamos fallidos, apropiaciones deliberadas, transforman
el sistema de normas o convenciones que regulan la legitima-
ción del nombre propio o las políticas familiares con los textos canónicos y los modelos del margen. Así, la escritura de
Aira opera y sobreimprime una lectura de la "historia argentina" eludiendo el tono categórico de la toma de partido o de
la ironía distante y superada. Más bien su poética se concentra en los efectos extrañados de una mirada casi infantil que
toma los objetos desde una literalidad inaugural, despojan-

do a los históricos ideologemas *civilización* y *barbarie* de sus
clásicos atributos. Esto no sólo se da en *Ema, la cautiva* con
los indios, el desierto y los fortines sino también con los pai-
sanos de *El bautismo*.

Fisgón, entrometido e irreverente, Aira juega, destrozos y
deleites mediante, con las reliquias de la cultura nacional,
convirtiéndolas en materia de curiosidad, ensoñación, entre-
tenimiento o despojo. Pero allí donde la anécdota errática hace que los viajes ya no sean necesarios ni Rosas sea un tira-
no sanguinario –pensemos en *La liebre*–, la diatriba queda
encubierta por una risa solapada que apuesta al escándalo
por el simulacro de ingenuidad. Ahora, si pensamos especialmente en algunos textos de Aira como *La liebre, El vestido rosa* o *Ema, la cautiva*, incluso en *El bautismo*, tal vez podamos advertir ciertas aristas de una poética constituida en
torno de los viajes leves por el campo que, al trazar un mapa de continuidades, más que insistir en la permanencia de
una tradición canónica inscriben la repetición de los motivos
como huellas flotantes y móviles orientadas hacia una estética singular.[7] En el desierto de Aira, las cosas parecen deslizarse para prodigar las máscaras de sus leyes secretas.
Puede notarse también que las escenas, los "personajes" y

7. María Teresa Gramuglio, en "Increíbles aventuras de una nieta de
la cautiva", se detiene en las operaciones de desrealización que despliegan una inventiva inusual en *Ema, la cautiva*. Algunos de los
ejemplos que cita son la descripción del fortín de Azul como laberinto multiforme con pasadizos suspendidos y construcciones super-
puestas donde es posible dormir entre sábanas de seda y comer os-
tras con champán; también es significativo el relato de la excursión
de Ema y su amante indio en un paisaje "helado y silencioso, modelo del idilio donde el fuego y la nieve son los elementos que configuran un atípico lugar ameno".

En un trabajo sobre la poética de César Aira, Sandra Contreras
("El artesano de la fragilidad", en Roland Spiller [comp.], *La novela
argentina de los 80*, Francfort, Vervuert, 1991) desarrolla (y arriesga) una hipótesis que gira en torno de la superficie como materia y
gesto de su arte. En este sentido, lo leve, la futilidad, brindan el tono a las narraciones de Aira y sostienen una perspectiva que sabe

sus acciones se despliegan en un proceso de paradojas y mutaciones donde los reinos del revés exceden los límites en la
medida en que todo lo cierra, separa o termina. Si lo singular de la escritura son los operadores que crean las historias,
lo es en tanto repetición que no cesa de desplazar objetos y
figuras como procedencias de una perpetua transformación.
Así, los gestos y las palabras –las cosas– traman los relatos
sobre las extensiones que alternan entre lo lleno y lo vacío,
permitiéndoles a liebres, "cautivas" o vestidos atravesar la
plenitud móvil de la errancia o la lentitud en los espacios de
oquedad. En los castillos de quimeras que los textos de Aira
fabrican es posible reconocer zonas de pasaje, umbrales que
tensan los extremos entre proximidades y lejanías, entre lo
grande y lo pequeño como puntas de pliegue y doblez que
guardan en la paradoja los efectos de la inventiva. En el
transcurso de las narraciones, los personajes se dibujan como contornos transparentes y asumen el simulacro que devuelve a cada instante nuevas máscaras. Si las líneas tenues
trazan las formas huecas de aquello que no tiene fondo, es el
ser de la metamorfosis lo que posibilita la proliferación de

---

esquivar y destituir las formas míticas de la profundidad. Así, la paradoja tiende el lugar del deslizamiento donde quedan anulados el
dominio de la verdad o del sentido único.

A partir de las reflexiones de Graciela Montaldo (prólogo a *Los
fantasmas*, Caracas, Fundarte, 1994) sobre la poética de César Aira, uno podría pensar en el "caso Aira" como lugar donde se inscribe una peculiaridad. Montaldo afirma la emergencia de la trivialidad
como programa, lo cual llega a desequilibrar el leve vínculo entre
historia y ficción que sustenta una gran cantidad de historias en el
sistema literario. Si la extrañeza es un efecto de lectura que define
los textos de Aira, esto forma parte también de la construcción misma entre procedimiento y resultado que se aloja en el "núcleo mismo que produce la ficción, en los mecanismos de creación de las
historias". Montaldo es categórica cuando dice que la literatura es
frívola porque para Aira no es moral. Doble acierto de crítica y escritor que saben seguir el movimiento de la invención destinada a
deslizarse como historias gratuitas que aspiran a borrarse en el gesto de lo efímero.

disfraces. La simultaneidad del caos festivo no permite la distinción entre distancias y cercanías, centros y márgenes o derecho y revés; aquí, la lluvia, el aire o el cristal no sólo borran las identidades empíricas de lo particular –lo individual– sino que expanden a la vez y vuelven "conocida" la frontera por donde corre el objeto furtivo. Es así como lo que se busca se va delineando al tiempo que se lo persigue y se esfuma, postergando siempre una definición. Desdoblando el lenguaje con afirmaciones y negaciones simultáneas, los extremos en Aira juegan con la superficie en devenir de las cosas, con lo que puede decirse que la escritura abre un universo sin perspectivas y provoca el salto de las reglas elementales de la distribución espacial. Aquí el lenguaje se lanza como deriva, como máquina de mirar y contar la transformación de los encuentros casuales, que recobran el instante fútil e inesperado en el que comienzan o terminan las historias. Así, el prodigio de coincidencias desmiente el efecto previsible de la consecuencia y trastoca el orden lógico de la sucesión; las huellas de las cosas se recobran como los eslabones perdidos de una cadena, como cuentas al azar que reúnen las apariencias del doble y lo mismo y que exceden –cuentas mal hechas– las determinaciones de las causalidades. En la perpetuidad suave de un espacio fragmentado, las cosas se liberan de leyes esenciales asignadas por la idea de profundidad, adquiriendo en cambio una singular equidistancia. Y es esta cercanía de lo lejano lo que en *Ema, la cautiva* hace que el coronel Espina pueda imprimir en el dinero su retrato junto al de la reina de Gran Bretaña, en un intento ilusorio, prodigado por "la marea de la ficción", de anular los confines del universo. Este mismo interés por el artificio al que Aira da cuerpo coincide con la práctica artesanal de contar vidas en cuyo transcurrir los episodios accidentales extravían los trayectos "establecidos". Es así como en *El vestido rosa* hay una especie de fugacidad que borra los objetivos iniciales, diluyendo como en un golpe de dados los destinos impulsados por alguna "decisión" inútil. Como si la ocurrencia de coser un vestido para una niña recién nacida desatara una alquimia de encantos pueriles y de hechizos malévolos, ya que en esa atmósfera solitaria la diminuta prenda anuda y despliega el vaivén de la persecución. Si el relato se

abre con una descripción familiar, con la presentación de un
mundo cerrado, el vestido será la llave que abra el misterio
del puro errar dando margen al error: el malentendido, las
fallas frecuentes en los cálculos de las distancias, van ate-
nuando los motivos de la espera. El vestido que se muestra
y oculta es, como Ema, el reverso, la fuga suplementaria de
una urdimbre de huidas que no vuelven nunca al punto inicial. Así, los encuentros y desapariciones alcanzan para
Asís, Manuel o los indios la consistencia de un *parpadeo,* los
rumbos inciertos que la suerte favorece. Y en los rizos y cursos ondulantes que los viajes hacen del espacio, el tiempo
talla su carácter de lapso fugaz afirmándose como materia
singular de esas travesías. Es en esta serie de fábulas que el
vestido genera donde se escamotea el lugar de origen y, casi como un talismán, preserva de la destrucción, desplazán-
dose en la continuidad encantada de una permanencia volátil, evanescente. La miniatura del vestido, el detalle dimi-
nuto, realiza lo grande en ese ir y venir de rumores. Pero la
fortuna dispone en Asís el lugar de su designio y convierte el
vestido en objeto de su pertenencia. En este sentido, el movimiento del azar encuentra espontánea la desmesura que
relaciona sin guardar proporción al gigante y la miniatura o
el vínculo –desproporcionado– entre el asombro de Asís ante la evidencia genuina –la diferencia entre los sexos– y la
naturalidad ante el misterio. Así, en el reclamo que la casualidad termina por dirimir, se afirma el secreto de la continuidad aplazada cuya única proeza radica para Asís en los hábitos y las proximidades, admitiendo inmediatamente los
efectos del azar. "El juez, por supuesto, era Asís. El agua y
el aire pasan sin dejar huellas. La vida misma pasa sin dejar huellas" (p. 80).

La escritura parece estar signada por la repetición porque
es esto, con ligeros cambios, lo que Gombo le dice a Ema,
quien deriva en un largo vaivén de indolencias y ocios placen-
teros. Tal vez se la pueda caracterizar como el continuo, un incesante vagar que se desata después de una página en blanco, literalmente, luego de una grafía ausente porque hay un
instante en el que nuevos actos repentinos producen un corte invirtiendo los rasgos que el título de *Ema, la cautiva* alude.
Aquí las cosas "ocurren" sin sostenerse en asuntos teleológi-

cos ni en series de causas y consecuencias; aquí, los personajes se dejan llevar abandonándose a la suerte irregular de apariciones y desapariciones, siempre al borde de la huida o la quietud. La fuga y la mutación tienden a hacer del desierto una especie de escenario territorial, inmenso y vasto donde las individualidades son como las piezas de un juego, los rostros vacíos de la especie. Más o menos así reflexiona Duval, el expedicionario francés, en la primera parte de la novela. Y en este contexto Aira hace ingresar el intercambio y el exceso. La sofisticada explicación etnológica que Lavalle brinda al perplejo Duval acerca del cambio y uso de las mujeres sitúa a Ema como zona de borde, apareciendo ella misma como pasaje. Mujer casi niña, mitad blanca y mitad india, como una silueta hierática y fantasmal que traspasa espejos, atraviesa el fuerte y el rancho para perderse después en los bosques. Su convivencia con Gombo y los indios que conoce en sus travesías ocasionales es simultánea y "armónica". Los desplazamientos de Ema son el pretexto de una escritura concebida como circulación; sus trayectos marcan instantes fugaces o la superficie de un presente que no reconoce profundidades. Se diría que en Ema se borran los recuerdos en un acontecer que no registra la totalidad. Con relación a esto, tampoco hay goces ni padecimientos emblemáticos. Ema "es" lo que deviene, transformándose siempre en otra cosa y reponiendo a la vez una constante: la posibilidad de procrear. La repetición desestabiliza la lógica causal y acumula los asuntos, los motivos y los episodios como las cuentas de un collar, filtrando los cambios que modifican el acontecer y saturan a la vez el curso secreto de las cosas. Ahora bien, yendo a los márgenes del texto, la contratapa de la edición de 1981 –o la tapa en contra, como el autor prefiere llamarla– repone la pasión de narrar, cambiar y diferir. Así, Sherezada y el dinero que el coronel Espina imprime para *lubricar la circulación* generan el sustrato fragmentario de una escritura cuya marca significante constituye a Ema como sombra o reflejo de los actos del movimiento. El juego de dados es el golpe de azar que abre la cadena de casualidades, cuya repetición anula la preeminencia de unas escenas sobre otras y figura una combinatoria de coincidencias libradas al deslumbramiento del automatismo y la espontaneidad. Como peripecia de lo imposible y forma de la desme-

sura, Ema desajusta el equilibrio fáctico que deduce unos sucesos de otros permitiendo que el goce obsesivo de orgías ri--
tuales o el delirio por el cromatismo alucinante resurjan en
otras escenas sin que se preserve, en modo alguno, la integridad esquemática de una lógica argumental.

> El francés pensaba en el peligro y en la frontera, que so-
> ñaba como un territorio ilimitado, un recorrido que admitía
> todas las interrupciones, que a cada momento permitiría una
> entrada, nueva y feliz, tendría que aprender a moverse de
> nuevo, como un bailarín, con un ejercicio severo, para no de-
> tenerse un solo instante en esa red misteriosa. (p. 58)

En este sentido, la escritura de Aira elimina las barreras
de las mediaciones, tramando una especie de mirada ubicua,
una red de planos simultáneos, inmediatos, que exceden en
un deambular perpetuo las inferencias y la funcionalidad de
los roles. Por eso Ema no re-presenta ni explica. La escritura se presenta como el artificio de la teatralidad, cuyos actos
son los gestos puros del movimiento o la contemplación
puesto que no requieren respuestas ni sentidos orientados
hacia alguna misión referencial. Aquí es como si las máscaras de las figuras se combinaran en danzas y rotaciones, como efectos deliberados de la ausencia o la fugacidad. Proba-
blemente, la Fiesta del Mono figure la ceremonia de una lentitud expectante donde la paradoja exaspera la falta –de desenlace– y el exceso –de tiempo–. Así, la ceremonia celebra el
golpe de azar desparramando las presencias ante el rito tribal, volviendo inútil sus disposiciones en torno de los fuegos
que alumbran y borran movimientos que apenas se distinguen de las sombras. Pero el gesto ritual y concentrado de la
seducción es el reverso de un juego que sabe de pinturas y
dibujos borrados con el roce del agua. Así el tatuaje procura, tan perfecto como inútil, una marca, una inscripción en
el cuerpo que se graba para fugarse, réplica, copia o simulacro de respuesta y sentido a los avatares de la naturaleza y
la fortuna. Pero si los tatuajes son una manera refinada de
imprimir el cuerpo, delirando, alucinando en formas que se
disuelven en la inmensidad de la especie, el dinero del coronel Espina dilata el imperio indígena, con números y lapsos

de pura magia. El exceso del recorrido que los billetes desencadenan con su impresión permite considerar un territorio sin límites que separen o clausuren, circulación que no excluye la continuidad de una repetición eterna ni los giros inciertos del azar en la apuesta ilusoria del perpetuo diferir.

Si Aira "reniega" de Borges es porque prefiere colmar el hueco de la conjetura con los saltos del continuo para tender un puente simultáneo entre acto y posibilidad. El déficit narrativo de Borges es reemplazado por Aira con un régimen que expande las posibilidades del relato y alterna entre el exceso (de historias transcurridas en la apuesta al futuro, a la fuga eterna de un comienzo nuevo) y la economía (el corte, la resolución rápida, la síntesis que termina por resolver el desorden de las peripecias). Tal como lo dice en *Copi* y lo hace en *La mendiga* (una de sus últimas novelas), las escenas están listas para el dibujo de un mundo que se ha convertido en teatro y en el que las distancias ya se han acortado. A la manera de Roussel, las cosas se acumulan, los acontecimientos se "pegan", haciendo del vértigo perpetuo la condición de un espacio que tiende a la miniatura y de un tiempo vuelto pura velocidad. En sus trazos inciertos es posible leer el misterio de atonalidad, la disonancia que sabe extraer del más puro silencio el *quantum* máximo de sonido. De este modo, la mendiga (el personaje de la novela del mismo título) puede tocar la melodía incomprensible.

Como modo de relación que el hombre establece con el mundo, la narración es asumida en Juan José Saer como problema, y más que eso: como la demanda obsesiva de una mirada que se disponga a penetrar en la *espesa selva virgen de lo real*.[8] Si desde su concepción de la literatura la

8. En uno de sus brillantes ensayos ("La selva espesa de lo real", en *Una literatura sin atributos*, Santa Fe, Universidad Nacional del Litoral, 1988) Saer postula que la narración es una praxis cuyo desarrollo segrega una teoría según la cual la novela es sólo un género literario y la narración, un modo de relación del hombre con el mundo. Ser narrador, por lo tanto, exige una gran capacidad de "disponibilidad, de incertidumbre, de abandono", pues "todos los narradores viven en la misma patria: la espesa selva virgen de lo real".

novela es sólo un género literario y la narración una praxis
que *segrega su propia teoría*, es posible admitir la recursividad de ciertas claves, la reposición de determinados motivos y figuraciones que cruzan los límites de registros. Así *El
arte de narrar*, un texto clasificable en principio como poético, enhebra ciertas aristas comunes a *Glosa*, a *La mayor*,
a *Nadie, nada, nunca* y a *El entenado*.[9] En ritmo de freno,

9. Partiendo de *El limonero real*, Jitrik ("Entre el corte y la continuidad.
Juan José Saer: una escritura crítica", en *La vibración del presente*,
México, FCE, 1987) se detiene en las obsesiones que asedian al relato
latinoamericano y particulariza las instancias extremas que definen en
Saer el drama de narrar. Si lo narrado no demanda la necesidad de
plasmar un "algo" como reconocible, susceptible de ser medido o pe-
sado, es porque hay aspectos que tensan la escritura como vuelta, como repetición que corrige regresivamente aquello que, aunque escaso,
las escenas siempre cuentan. Oportuna es la comparación intergené-
rica que establece Jitrik entre las poéticas de Saer y de Alain Resnais,
que marcan el retorno infinito de instancias que no hacen posible el final, la clausura. La *repetición* opera de esta manera la significación infinita a través de las palabras que, en su inmenso torbellino, ejecutan
el significante. A Jitrik le debemos tributo por la agudeza de sus observaciones en lo atinente a los problemas de la escritura que, entre
otras dimensiones, señala lo que es propio a la infinitud significante,
la *estructuración*, cuya impronta desborda la "forma" de la estructura.
Es así como la *continuidad* aparece mediante la *elección* de un núcleo
de la acción, mientras que el sintagma de otro elemento verbal asegura el corte, la interrupción de un relato siempre reanudado.
    En uno de sus trabajos sobre *El entenado* de Saer, Edgardo H.
Berg ("La problematización de la lengua en *El entenado*, de Juan José Saer", en CELEHIS, 1, Mar del Plata, 1991) desarrolla la idea del viaje vinculado al recuerdo, pero también a la búsqueda interpretativa
de sentidos, de la otredad. Como metáfora del mundo a traducir, el
viaje problematiza la reconstrucción y los pasajes de la lengua, donde el desplazamiento de las experiencias frente a lo real se imponen
a partir del proceso de la escritura. Asimismo, en otro de sus artícu-
los centrado en *El arte de narrar*, Berg ("Breves sobre *El arte de narrar* de Juan José Saer", en CELEHIS, 3, Mar del Plata 1994) se interroga sobre la posibilidad de escribir desde la disolución de los géneros.
En la producción poética cabe advertir entonces la desacralización de
los registros puros, la circulación de un saber de citas a modo de homenajes, una enunciación itinerante donde los pronombres marcan

en sintaxis quebrada por movimientos de espiral, el movimiento narrativo de *La mayor* aplaza los avances y opera con la repetición los retrocesos de una escritura disonan-

---

siempre un sujeto que se extravía. Si en los textos de Saer la figura del viajero y el motivo del viaje constituyen una presencia obsesiva, en este texto también se pone de relieve el percibir y el narrar las diversas regiones de lo real, la vacilación y la incertidumbre como materia de la escritura.

Oponiéndose a los efectos de certeza deparados por ciertas perspectivas formalistas, Alberto Giordano (*La experiencia narrativa*, Rosario, Beatriz Viterbo, 1992) rebasa el cerco que la técnica y el mecanismo imponen a la escritura y se detiene en particular en la escritura de Juan José Saer. Desde esta mirada, las complejas relaciones entre literatura y realidad son resituadas mediante la idea de *acontecimiento*, por el cual el sentido y el lenguaje se desorientan para devenir "testimonio de lo inhumano" y provocar eso que, con Blanchot, prefiere llamar el "efecto de lo irreal". Lejos de confundirse con lo "maravilloso" o con lo "mágico", se define como el otro lado de las evidencias, el vacío enmascarado por lo otro de la realidad, el enigma que desbarata los cálculos y pone el trabajo de la literatura en el lugar del azar y la incertidumbre.

Si bien Graciela Montaldo ("Prólogo" a J.J. Saer, *El limonero real*, Buenos Aires, Hachette, 1986) privilegia en su análisis *El limonero real*, el texto queda enmarcado en una consideración general de la poética de Saer, en donde, tal como ella señala, se borran los límites entre narración y descripción. Este registro funciona como índice de cierta "delectación especial de la voz narrativa", cuyos detenimientos minuciosos y obsesivos marcan el ritmo de un movimiento que se descompone por la repetición. Pero la modalidad descriptiva define un sesgo paradójico que sostiene, retarda el relato y a la vez lo hace avanzar. En este sentido, la inclusión de materiales y anécdotas *triviales* da cuenta del repertorio de problemas que constituyen la obra de Saer: ruptura con las formas discursivas tradicionales, la obsesión por el tiempo, la instancia de la percepción en la construcción del relato, cómo es posible representar y narrar. En la elección de alternancias triviales se perfila una dimensión estética cuya propuesta implícita es la derogación de las "grandes" pautas de la novela, canonizada en la trascendencia y la profundidad.

La perspectiva adoptada por Sandra Contreras ("*Glosa*. Un atisbo de fiesta", en *Paradoxa*, 6, 1991) en su análisis de *Glosa* confiere una proyección que influye en un aspecto para nosotros insoslayable de la producción saereana: el relato imposible de un objeto

te.[10] Exento de nitidez, el mundo se abre paso a través de expresiones fragmentarias, sinuosas, que sin embargo conservan un relente mudo del todo. Si algo queda de una extensión indeterminada, continua y cortada, eso se vuelve presencia intraducible ante la audición, el tacto, los ojos estremecidos, el lugar del recuerdo inabordable. Entre los resplandores momentáneos de la experiencia y la penumbra informe y titilante del exterior, la nada esparce los signos inescrutables de un mapa estelar que se borra, gradual, en el vacío. Los pronombres indefinidos, el uso verbal del imperfecto, marcan los giros sintácticos de una escritura teñida de matices rugosos y de una continuidad inconclusa donde los signos, ruidos y voces son un breve atisbo de recuerdos *a medio borrar*. Así, la narración plegada en tiempo presente transcurre a través de imágenes esmerila-

---

ausente, perdido. En esta novela, la narración conjetural imprime al deseo el ritmo de un tiempo lejano y evasivo en un pasado filtrado en los restos, tan leves como intensos, de una fiesta. Conjugada con las claves secretas que *insisten* como tiempo futuro, el acto verbal desafía a recobrar lo que nunca se tuvo sobre un presente escamoteado en el instante fugaz.

En una serie de narraciones sobre la relación entre América y Europa, Analía Capdevila ("Reflexión en dos tiempos", en *Paradoxa*, 6, 1991) recoge las experiencias del tiempo donde el recuerdo irrumpe sin memoria, asalta escindido, simultáneo, distinto y sin embargo en coexistencia con el presente. En este sentido, el presente y el pasado se sustraen a las contingencias cronológicas del tiempo impugnando la memoria voluntaria.

10. Con el uso metafórico del término 'disonancia' debo reconocer una deuda con Theodor W. Adorno (*Disonancias*, Madrid, Rialp, 1966). Adorno se refiere al precio que paga el sujeto a los medios de comunicación masivos. Oyente de una música regresiva, el sujeto pierde la libertad de elección ante la producción monopólica y estandarizada de los bienes de consumo. En este sentido, la renuncia a la individualidad que se acomoda a la monotonía regular coronada por el éxito se enmascara en la rigidez del estilo "universalmente vinculante" y en el carácter fetichista de la mercancía. Si Schönberg aglutina el temblor y hasta el rechazo por sus efectos de incitación o estímulo y si sus "disonancias" son la expresión espontánea del sufrimiento, cabría la posibilidad de trasladar esta noción al plano del lenguaje y de la escritura.

das, centelleantes, que se obstinan por estamparse, por amontonarse, aunque las huellas precarias de su tenacidad y nitidez queden esfumadas como sombras anónimas. Tanto en "La mayor", como en "Amigos" y "A medio borrar", el presente ilegible niega la comunicación y la identidad, haciendo permeable en los arduos instantes inenarrables ni más ni menos que un modo de adherir algo neto a la duración sin medida. Si la memoria es una desvanecida e infructuosa empresa sensorial, el yo es el delgado residuo de percepción que se borra gradual sobre la composición irregular de letreros, calles y esquinas, allí donde ya no tiene lugar la nostalgia sino las imágenes que el misterio del tiempo y el espacio convocan. En el curso flotante de operaciones *densas, reales* e *inertes*, la conciencia pierde sus rastros en el olvido con la percepción lacerante del éxodo y la muerte. Con frecuencia las anécdotas y las historias se objetivan hasta convertirse en conjuros frente a la nada y, mientras el pasado se va puliendo, construyéndose y marcándose con un contorno preciso, el presente no puede decirse aunque sin embargo deje una constelación astillada de signos. La incompleta imagen de una antología o de cierta carpeta verde con la palabra *paranatellon* insinúan los vagos rumores de una región imprecisa entre la brevedad de un momento y la eternidad del *tiempo entero.*

Glosa, por su parte, es el producto de una escritura fundada sobre la repetición que funciona reponiendo imágenes de nombres y cosas, provenientes de una experiencia incierta. Si Leto es casi un interlocutor más pasivo que paciente se dispone a espiar el pasado o es el personaje ausente de la escena evocada, el Matemático forma tan sólo una masa heterogénea y dispar de recuerdos cuya acumulación no alcanza para volver accesible la fiesta de Washington Noriega. Las versiones en torno del cumpleaños del poeta se superponen y anudan con fragmentos de experiencias personales cuya conexión no responde a explicaciones o asociaciones causales sino a mosaicos de referencias que surgen como constelaciones, como ramalazos al azar. Por otro lado, la repetición opera como ficción de oralidad en la voz de un narrador en tercera persona cuya omnisciencia consiste en la manipulación de un saber ajeno al orden sintagmático de los hechos.

Así, el relato que va enhebrando el Matemático deja vislumbrar el relato urdido por el narrador, procedimiento que permite pensar el título de la novela como doble pliegue o reduplicación, puesto que no sólo el Matemático "glosa" las versiones de una fiesta a la que él tampoco asistió –perdiendo,
por lo tanto, toda relación empírica con la "verdad" de lo su-
cedido– sino que el narrador funciona como soporte o sustrato manipulador de un saber que no clausura el relato. Si la
caminata por la ciudad permite asomar los fulgores fragmen-
tarios de la experiencia, los desplazamientos y saltos temporales realizados por esa suerte de narrador en off funcionan
de modo paralelo al tránsito sin rumbo que encaran los dos
personajes. El tiempo –si de linajes literarios se trata, no se
puede omitir mencionar a Marcel Proust– constituye la materia textual ya desde los epígrafes, y el lugar compuesto de
retazos y fábulas asume el objeto perdido desde siempre porque nunca se poseyó. Pero, en ese atisbo equívoco de nostalgia que atrapa a Leto y al Matemático, el futuro conjuga sus
relatos de exilio y clandestinidad veinte años después de haber atravesado "las siete primeras cuadras" del comienzo de
la novela. El futuro, entonces, tensiona su carnadura ineludible en el pasado que efímero reaparece sin embargo en la
muerte, las desapariciones, los fríos inviernos europeos.

   ¿Por qué no pensar con Benjamin en la metáfora del re-
lámpago o en la experiencia que funciona como una suerte de
prisma, según la torsión conceptual asumida por las ilumina-
ciones profanas del surrealismo? Porque, como saber inmediato de ciertos contenidos vitales, la experiencia de lo nuevo
remite a una in-mediación, a una suerte de contacto auráti-
co con la vida. Y otra vez recuperando a Proust, la experiencia signa un brusco surgimiento, la aparición relampaguean-
te y fugaz que puede aparecer después en algún otro lado, allí
donde el shock y la intermitencia quedan lejos de la elaboración consciente y dirigida, de aquella memoria voluntaria de
la que hablaba Henri Bergson. El mundo vislumbrado, entre-
visto en las parciales y frustradas reminiscencias saereanas,
permite así la recomposición del yo a partir de los extremos y
de los estímulos sumergidos, como latentes, prontos a salir a
la corroída superficie de un mundo sin bordes.

BIBLIOGRAFÍA

ADORNO, Theodor W, *Disonancias*, Madrid, Rialp, 1996.
BAJTÍN, Mijaíl, *Teoría y estética de la novela*, Madrid, Taurus, 1989.
—, *Estética de la creación verbal*, Madrid, Siglo Veintiuno, 1990.
— (Valentín Voloshinov), *El signo ideológico y la filosofía del lenguaje*, Buenos Aires, Nueva Visión, 1976.
BENJAMIN, Walter, *Iluminaciones/2 (Baudelaire)*, Madrid, Taurus, 1972.
BERG, Edgardo H., "La problematización de la lengua en *El entenado*, de Juan José Saer", en CELEHIS, 1, 1991.
—, "Breves sobre *El arte de narrar* de Juan José Saer", en CELEHIS, 3, 1994.
BLANCHOT, Maurice, *El diálogo inconcluso*, Caracas, Monte Ávila, 1993.
—, *La escritura del desastre*, Caracas, Monte Ávila, 1990.
BORGES, Jorge Luis, "Kafka y sus precursores", en *Otras inquisiciones*, Buenos Aires, Emecé, 1986.
BOWLES, Paul, *El cielo protector*, Madrid, Alfaguara, 1993.
CAPDEVILA, Analía, "Reflexión en dos tiempos", en *Paradoxa*, 6, 1991.
CONTRERAS, Sandra, "El artesano de la fragilidad", en Roland SPILLER (comp.), *La novela argentina de los 80*, Francfort, Vervuert, 1991.
—, "*Glosa*. Un atisbo de fiesta", en *Paradoxa*, 6, 1991.
—, "Las vueltas de César Aira", en *Actual*, 33, 1996.
DARWIN, Charles, *Textos fundamentales*, Barcelona, Paidós, 1987.

DE CERTEAU, Michel, *Heterologies. Discourse on the other*, Minneapolis, University of Minessota Press, 1986.

—, "Creer: una práctica de la diferencia", en *Descartes. El análisis de la cultura*, Buenos Aires, Anáfora, 1992.

—, *La escritura de la historia*, México, Universidad Iberoamericana, 1993.

—, *Historia y psicoanálisis*, México, Universidad Iberoamericana, 1995.

DELEUZE, Gilles, *Diferencia y repetición*, Madrid, Júcar, 1988.

—, *Lógica del sentido*, Barcelona, Paidós, 1989.

— y Félix GUATTARI, *Rizoma*, México, Premiá, 1978.

DERRIDA, Jacques, "Ante la ley", en *La filosofía como institución*, Barcelona, Granica, 1984.

DESCARTES, René, *Obras escogidas*, Buenos Aires, Sudamericana, 1967.

ECHEVERRÍA, Esteban, *Dogma socialista*, Buenos Aires, El Ateneo, 1947.

ESTRIN, Laura, *César Aira. El realismo y sus extremos*, Buenos Aires, Del Valle, 1999.

FERNÁNDEZ, Nancy, "Fiesta y cuerpo: algunas reescrituras de civilización y barbarie", en AA.VV., *Supersticiones de linaje. Genealogías y reescrituras*, Rosario, Beatriz Viterbo, 1996.

—, "Las cuentas del azar. Sobre César Aira", en *Escritura. Teoría y Crítica Literaria*, vol. XIX, Caracas, 1998.

—, "Escenas autobiográficas. Sobre ancestros y linajes en Borges", en CELEHIS, 9, Mar del Plata, 1998.

FINK, Eugen, *La filosofía de Nietzsche*, Madrid, Alianza, 1980.

FOUCAULT, Michel, *Raymond Roussel*, Madrid, Siglo Veintiuno, 1992.

GARRAMUÑO, Florencia, *Genealogías culturales. Argentina, Brasil y Uruguay en la novela contemporánea (1981-1991)*, Rosario, Beatriz Viterbo, 1997.

GEERTZ, Clifford, *El antropólogo como autor*, Barcelona, Paidós, 1989.

GIORDANO, Alberto, *La experiencia narrativa*, Rosario, Beatriz Viterbo, 1992.

GOMBROWICZ, Witold, *Transatlántico*, Barcelona, Anagrama, 1986.

—, *Ferdydurke*, Buenos Aires, Sudamericana, 1983.

GOMBROWICZ, Witold y Dominique DE ROUX, *Lo humano en busca de lo humano*, México, Siglo Veintiuno, 1970.

GRAMUGLIO, María Teresa, "Increíbles aventuras de una nieta de la cautiva", en *Punto de Vista*, 14, Buenos Aires, 1982.

HABERMAS, Jürgen, *El discurso filosófico de la modernidad*, Buenos Aires, Taurus, 1989.

HERÁCLITO, *Fragmentos*, Buenos Aires, Aguilar, 1977.

ITZCOVICH, Mabel, "Visiones inglesas", en *Clarín*, suplemento "Cultura y Nación", febrero de 1992.

JAMESON, Frederic, *Documentos de cultura, documentos de barbarie*, Madrid, Visor, 1989.

JITRIK, Noé, *La vibración del presente*, México, FCE, 1987.

—, *Temas de teoría. El trabajo crítico y la crítica literaria*, México, Premiá, 1987.

—, *Lectura y cultura*, México, UNAM, 1988.

—, *Historia e imaginación literaria. Las posibilidades de un género*, Buenos Aires, Biblos, 1995.

KOHAN, Martín, "Nación y modernización en Argentina: todo lo sólido se desvanece en Aira", en Jorge DUBATTI (comp.), *Poéticas argentinas del siglo XX*, Buenos Aires, De Belgrano, 1998.

LACAN, Jacques, "Seminario sobre «La carta robada»", en *Escritos 1*, Buenos Aires, Siglo Veintiuno, 1988.

LE GUERN, Michel, *La metáfora y la metonimia*, Madrid, Cátedra, 1985.

LÉVI-STRAUSS, Claude, *Tristes trópicos*, Barcelona, Paidós, 1992.

MACHEREY, Pierre, *Para una teoría de la producción literaria*, Caracas, Ediciones de la Biblioteca, 1974.

MANSILLA, Lucio V., *Una excursión a los indios ranqueles*, Buenos Aires, CEAL, 1987.

MARTÍNEZ ESTRADA, Ezequiel, *Radiografía de la pampa*, Buenos Aires, Losada, 1991.

MONTALDO, Graciela, "Prólogo" a J.J. SAER, *El limonero real*, Buenos Aires, Hachette, 1986.

—, *De pronto, el campo*, Rosario, Beatriz Viterbo, 1993.

—, "Prólogo" a C. AIRA, *Los fantasmas*, Caracas, Fundarte, 1994.

NIETZSCHE, Friedrich, *Genealogía de la moral*, Madrid, Alianza, 1994.

—, *El viajero y su sombra*, México, Editores Mexicanos Unidos, 1994.

—, *Ecce homo*, Madrid, Alianza, 1979.

POLLMAN, Leo, "Una estética del más allá del ser. *Ema, la cautiva* de César Aira", en Roland SPILLER (comp.), *La novela argentina de los 80*, Francfort, Vervuert, 1991.

POMERANIEC, Hinde, "Todo escritor inventa su idioma", en *Clarín*, suplemento "Cultura y Nación", Buenos Aires, 1991.

PRATT, Mary Louise, *Ojos imperiales. Literatura de viajes y transculturación*, Buenos Aires, Universidad Nacional de Quilmes, 1997.

Prieto, Adolfo, *Los viajeros ingleses y la emergencia de la literatura argentina*, Buenos Aires, Sudamericana, 1996.

Rivera, Jorge, "Escribir contra el desierto", en *Clarín*, suplemento "Cultura y Nación", Buenos Aires, marzo de 1985.

Rosa, Nicolás, *El arte del olvido*, Buenos Aires, Puntosur, 1990.

—, *Artefacto*, Rosario, Beatriz Viterbo, 1992.

—, *La lengua del ausente*, Buenos Aires, Biblos, 1997.

Saavedra, Guillermo, *La curiosidad impertinente*, Rosario, Beatriz Viterbo, 1993.

Saer, Juan José, "La selva espesa de lo real", en *Una literatura sin atributos*, Santa Fe, Universidad Nacional del Litoral, 1988.

Sarlo, Beatriz, *Una modernidad periférica: Buenos Aires 1920 y 1930*, Buenos Aires, Nueva Visión, 1988.

Sazbón, José, "Historia y paradigmas en Marx y Benjamin", en Nicolás Casullo *et al.*, *Sobre Walter Benjamin. Vanguardias, historia, estética y literatura. Una visión latinoamericana*, Buenos Aires, Alianza, 1993.

Schmidel, Ulrico, "Viaje al Río de la Plata", en AA.VV., *Los fundadores. M. del Barco Centenera, Luis de Tejeda y otros*, Buenos Aires, CEAL, 1979.

Serres, Michel, *Atlas*, Madrid, Cátedra, 1995.

Speranza, Graciela, *Primera persona*, Bogotá, Norma, 1995.

Starobinski, Jean, *La relación crítica*, Madrid, Taurus, 1974.

Steiner, George, *Lenguaje y silencio*, Barcelona, Gedisa, 1990.

—, *Después de Babel*, México, FCE, 1995.

Stratta, Isabel, "Los libros de viajes. Un mapa de palabras", en *Clarín*, suplemento "Cultura y Nación", Buenos Aires, 1992.

Todorov, Tzvetan, *Teoría de la literatura de los formalistas rusos*, Buenos Aires, Siglo Veintiuno, 1976.

Veyne, Paul, *Cómo se escribe la historia. Foucault revoluciona la historia*, Madrid, Alianza, 1981.

Wittgenstein, Ludwig, *Investigaciones filosóficas*, Barcelona, Grijalbo, 1988.